中国全图

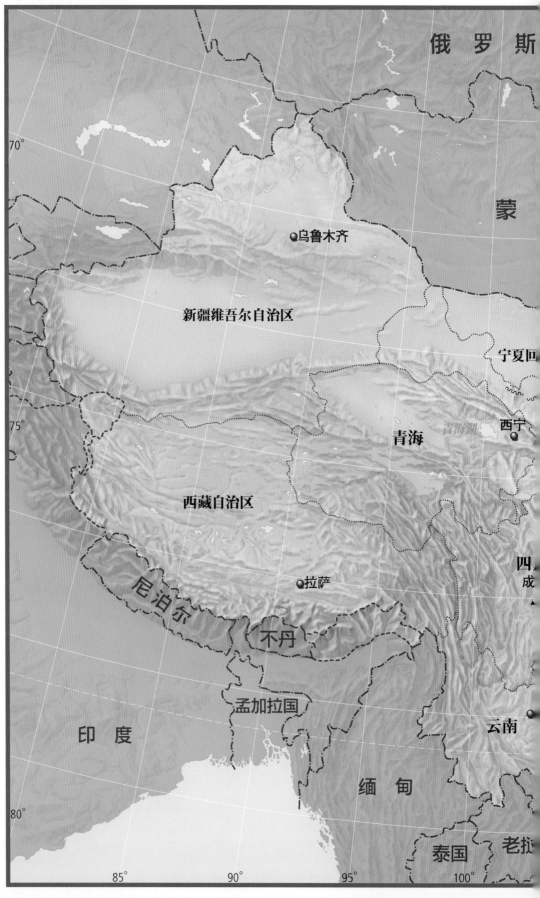

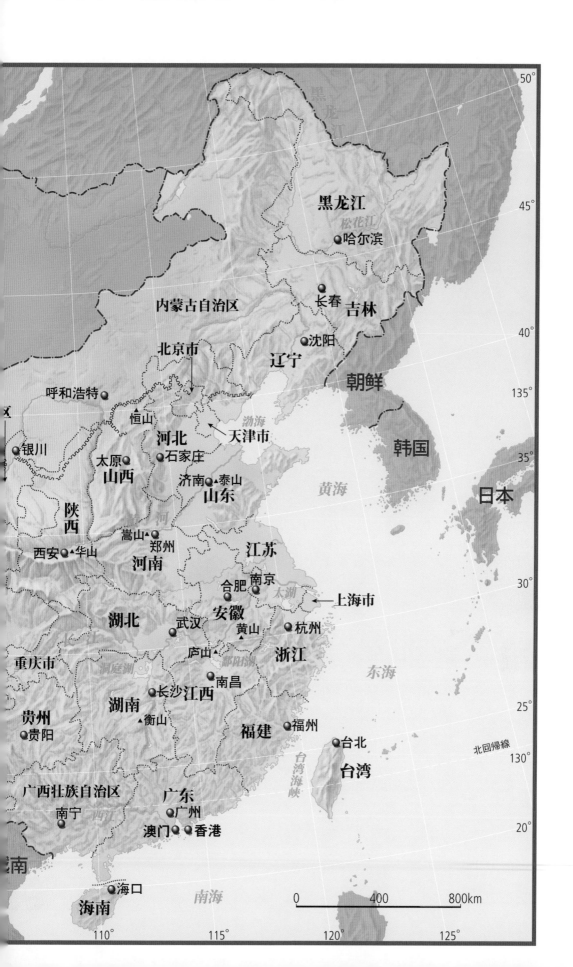

50°

黑龙江
松花江
哈尔滨

长春 吉林

45°

内蒙古自治区

沈阳

北京市

辽宁

40°

朝鲜

呼和浩特

恒山

渤海

135°

河北

天津市

韩国

银川

太原
山西

石家庄

日本

35°

济南 ▲泰山

黄海

山东

陕
西

嵩山 ▲
郑州

江苏

西安 ▲华山

河南

合肥 南京

太湖

上海市

30°

湖北

武汉

安徽

黄山
▲

杭州

庐山 ▲
鄱阳湖

浙江

东海

重庆市

洞庭湖

长沙 江西

南昌

25°

贵州

湖南

▲衡山

福建

贵阳

福州

台北

北回归线

台湾

130°

广西壮族自治区

广东

南宁

广州

台湾海峡

澳门 香港

20°

南

海口

南海

0   400   800km

海南

110°   115°   120°   125°

使って学ぶ！
中国語コミュニケーション
—CEFR A1 レベル—

寺西　光輝

朝日出版社

音声ダウンロード

 音声再生アプリ「リスニング・トレーナー」新登場（無料）

朝日出版社開発のアプリ、「リスニング・トレーナー（リストレ）」を使えば、教科書の音声をスマホ、タブレットに簡単にダウンロードできます。どうぞご活用ください。

まずは「リストレ」アプリをダウンロード

▶ App Store はこちら 　　▶ Google Play はこちら

アプリ【リスニング・トレーナー】の使い方

❶ アプリを開き、「コンテンツを追加」をタップ
❷ QRコードをカメラで読み込む

❸ QRコードが読み取れない場合は、画面上部に 45327 を入力し「Done」をタップします

パソコンからも以下のURLから音声をダウンロードできます

http://audiobook.jp/exchange/asahipress

▶ 音声ダウンロード用のコード番号【45327】

※ audiobook.jp への会員登録（無料）が必要です。すでにアカウントをお持ちの方はログインしてください。

QRコードは㈱デンソーウェーブの登録商標です

Web ストリーミング音声

http://text.asahipress.com/free/ch/245327

教科書のコンセプト

◆ 使って学ぶ

　この教科書は、中国語の初学者が、将来いつか使う時のために中国語を学んでおくのではなく、教室や社会で実際に使っていく中で学ぶことをコンセプトに作られました。つまり、この教科書で学ぶ中国語は、先生から伝達され、頭の中にインプットすべき知識や技能というよりは、クラスメートや身近な中国語話者と交流し、課題を遂行していくためのツール（道具）としての役割を担っています。

◆ 日本で使う

　近年、中国語圏からの留学生や、長期滞在者、あるいは観光客は年を追うごとに増加し、皆さんが学校や日常生活のなかで中国語話者と接する機会も、ますます増えてきました。そこで、この教科書で扱う表現は、日本で学び、暮らす日本人学生が、日本にいながら使うことを想定した平易な内容になっています。不自然な表現をできるかぎり排除し、身近にいる中国語話者にすぐに使えるものを選定しました。

◆ コミュニケーションと協働

　この教科書は、CEFR の「行動中心アプローチ」（すなわち言語学習者を、なんらかの「課題」を遂行することを求められている「社会的存在」とみなす考え方）を前提としつつ、「コミュニカティブ言語教授法」や「ピア・ラーニング」（協働学習）の手法を参照して執筆されています。

　例えば「練習」では、ドリルや、お互いがすでに答えを知っているような形だけのやりとりは最小限にし、インフォメーション・ギャップやインタビュー、タスク等の活動を通して、より現実的なコミュニケーションになるように配慮しました。また、できるだけ「学習者中心」のアクティブ・ラーニングを実現するような工夫をほどこし、学生自身が考え、ペアやまわりの仲間との相互作用のなかで知識を構成していけるような授業展開を想定しています。

◆ この教科書の目指すもの

　この教科書を通して、皆さんが一緒に学ぶクラスメートたちと知り合い、ともに成長していくことを願っています。さらには自ら学び、自ら進んで身の回りの中国語話者や社会文化へとつながっていく、中国語の「自律的学習者」になってもらうことこそが、この教科書の最大のねらいです。

目 次

Can-do リスト	6-7
本教科書での学び方	8-9
中国・中国語について	10-11

発音編

・単母音（12）　・声調（13）　・複合母音／子音①（14）　・声調記号の付け方（15）
・鼻母音／子音②（16）　・声調変化（18）　・r化音（19）　・ピンインのまとめ（20）

実践編

第 0 課	名前について話す	22-25

1. 名前はなんと言いますか。
2. 姓はなんとおっしゃいますか。

1. 你叫什么名字?
2. 您贵姓?

第 1 課	身分や出身地について話す	26-33

1. あなたは中国人留学生ですか。
2. 出身はどちらですか。
3. 彼も中国人ですか。

1. 你是中国留学生吗?
2. 你是哪里人?
3. 他也是中国人吗?

第 2 課	身の回りの物や人について話す	34-41

1. これは何ですか。　2. 彼は誰ですか。
3. 彼らはみな中国人ですか。

1. 这是什么?　2. 他是谁?
3. 他们都是中国人吗?

第 3 課	年齢や学年、所有について話す	42-49

1. 何歳ですか。　2. 何年生ですか。
3. ウィーチャットをやっていますか。
4. 携帯番号はいくつですか？

1. 你今年多大?　2. 你几年级?
3. 你有微信吗?
4. 你的手机号是多少?

第 4 課	時間や一日の行動について話す	50-57

1. 今日は何月何日何曜日ですか。
2. アルバイトがありますか。
3. 今何時ですか。
4. 何時にバイトですか。

1. 今天几月几号? 星期几?
2. 你打工吗?
3. 现在几点?
4. 你几点打工?

第 5 課	性質や状態、天候について話す	58-65

1. この服はきれいですか。
2. 明日の天気はどうですか。

1. 这个衣服好看吗?
2. 明天天气怎么样?

| 第6課 | 趣味や好み、できることについて話す | 66-75 |

1. 趣味は何ですか。
2. スポーツは好きですか。
3. 歌は得意ですか。
4. 刺身は食べられますか。

1. 你的爱好是什么?
2. 你喜欢运动吗?
3. 你会唱歌吗?
4. 你能吃生鱼片吗?

| 第7課 | 住んでいる場所や家族について話す | 76-81 |

1. どこに住んでいますか。
2. 何人家族ですか。
3. お兄さんは何の仕事をしていますか。

1. 你住在哪儿?
2. 你家有几口人?
3. 你哥哥做什么工作?

| パフォーマンス課題① 家族を紹介しよう | 82-83 |

| 第8課 | 場所や存在について話す | 84-93 |

1. 学校にいますか。
2. どこにいますか。
3. 学校の近くに病院はありますか。

1. 你在学校吗?
2. 你在哪儿?
3. 学校附近有医院吗?

| 第9課 | 交通手段や希望について話す | 94-101 |

1. いつ京都に行きますか。
2. どうやって京都に行きますか。
3. どのくらいの時間がかかりますか。
4. どこでご飯を食べますか。
5. 何が食べたいですか。

1. 我们什么时候去京都?
2. 我们怎么去京都?
3. 要多长时间?
4. 我们在哪儿吃饭?
5. 你想吃什么?

| 第10課 | 動作の発生や進行について話す | 102-107 |

1. 彼女を見かけましたか。
2. 何をしていますか。

1. 你看见她了吗?
2. 你在做什么呢?

| パフォーマンス課題② 自己紹介をしよう | 108-109 |

| 第11課 | 過去の出来事や値段について話す | 110-117 |

1. これはいつ買ったのですか。
2. 何が欲しいですか。
3. これはいくらですか。

1. 这是什么时候买的?
2. 你要什么?
3. 这个多少钱?

評価用ルーブリック	118
インフォメーション・ギャップ	119-124
索引	125-130

Can-do リスト

◆ **この教科書を学び終えたときに、できるようになること**

① ごく基本的な挨拶表現を人や場面に応じて使える。

② お礼を言ったり、あやまったりすることができる。

③ 身近な単語を言ったり、聞き取ったりできる。

④ 身近な数字について聞き取ったり、伝えたりできる。

⑤ 自己や他者の簡単な紹介ができ、姓名、年齢、持ち物、どこに住んでいるか、家族、趣味などの個人的情報について、ごく簡単な中国語で質問をしたり、答えたりできる。

⑥ 日時、曜日、時間、天候、場所、方法、値段などの具体的情報について、ごく簡単な中国語で質問をしたり、答えたりできる。

⑦ ごく基本的な希望や要求を相手に伝えたり、理解したりできる。

⑧ 簡単な表現を用いて自分の感情や評価を伝えたり、聞き取ったりできる。

＊本書では、HSK1級レベルの学習項目を基本とし、自己表現のための＋αの語彙や語法を学ぶことで、CEFRのA1レベルの中国語コミュニケーション能力を身につけます。

◆ **各課の到達目標**

課	Can-do（到達目標）	文法事項
第0課	□ ごく基本的な挨拶ができる。 □ スマートフォンで簡体字やピンイン、発音を調べることができる。 □ 自分や友達の名前を言ったり、たずねたりできる。	・人称代名詞
第1課	□ 相手の身分や出身国／出身地を確認したり、答えたりできる。	・"是" の文 ・"吗" の疑問文 ・疑問詞疑問文（1） ・"也"
第2課	□ 身近にある物の情報について質問したり、答えたりできる。 □ 身近な人について、自分との関係を表現できる。	・指示代名詞（1） ・疑問詞疑問文（2） ・"的" ・省略疑問文 "呢" ・"都"
第3課	□ 数字を言ったり、聞き取ったりすることができる。 □ 年齢や学年について質問したり、答えたりできる。 □ 相手の所有の有無について確認したり、答えたりできる。 □ 通話アプリや携帯番号などの連絡先を交換できる。 □ 簡単な自己紹介ができる。	・数詞 ・名詞述語文（1） ・所有を表す "有"

課	Can-do（到達目標）	文法事項
第4課	□ 日時や曜日について質問したり、答えたりできる。 □ いつ何をするのか、相手に質問したり、答えたりできる。	・名詞述語文（2） ・動詞述語文 ・日時と曜日
第5課	□ 人や物の性質や状態、またその評価をたずねたり、答えたりできる。 □ 天気についてたずねたり、答えたりできる。	・形容詞述語文 ・程度副詞 ・指示代名詞（2） ・"怎么样"
第6課	□ 趣味や好みについてたずねたり、答えたりできる。 □ できるかどうかたずねたり、答えたりできる。	・"喜欢" ・"会" ・"能"
第7課	□ 住んでいる場所や仕事についてたずねたり、答えたりできる。 □ 家族や身近な人物を紹介できる。 □ 人や物の数をたずねたり、答えたりできる。	・量詞 ・"几"と"多少"
第8課	□ 場所や存在についてたずねたり、答えたりできる。	・存在を表す"在" ・存在を表す"有"
第9課	□ 交通手段や所要時間を説明できる。 □ いつ、どこで〜するのかたずねたり、答えたりできる。 □ 何がしたいかたずねたり、答えたりできる。	・"怎么""什么时候" 　"多长时间" ・時間の長さ ・前置詞の"在" ・"想"
第10課	□ 行動や動作の発生の有無について確認したり、答えたりできる。 □ 動作の進行について説明できる。	・語気助詞の"了" ・進行を表す"在"
第11課	□ 過去の出来事について、いつ、どこで、どのように〜したのかをたずねたり、答えたりできる。 □ ごく基本的な買い物のやりとりができる。	・"是…的"構文 ・"要" ・値段の言い方

⚠ 付属教材の「Can-do 評価シート」を活用して、詳しい表現例を見ながら、自己／他者評価をしましょう。

本教科書での学び方

◆ 各課の基本構成（実践編）

到達目標（Can-do）	まずは、その課を学ぶことで、"何ができるようになるのか"を確認します。つねにこの到達目標を意識して、以下の学習項目に取り組みましょう。
単語、文法項目	1）「単語」および「文法項目」は、あらかじめインプットしておく事前学習の目安です（チェックシートも活用しましょう）。 2）「補充単語」は自己表現やコミュニケーションのための材料として、必要なときに参照して下さい。すべて覚えてもらうことを想定したものではありません。
場面（本文）	会話文の中で、その課の表現が、どのように使われるのかを学びます。
文型練習	コミュニケーションに必要な文型を覚えます。例文を暗記した後、［　］の中の単語を入れ換えていきます。なお、代入する単語が二つ以上有る場合は、色合いや下線を参考に、正しい箇所に入れて下さい。教科書を見ずに単語を入れ換えてもすぐに言えるようになるまで練習しましょう。
練習	1）ペアでの練習を主体とした実践的な言語活動を行います。 2）「インフォメーション・ギャップ」では、ペアでAとB（巻末）に分かれて、お互いのページの情報差を埋め合います。相手のページは見ずに、空欄になっている箇所について中国語で相手に確認しましょう。
使ってみよう	常套表現を覚えて、ネイティブに使ってみましょう。

◆ 授業外学修

　この教科書は、みなさんが中国語を通して、まわりの人々や社会・文化につながっていくことを重視しています。よって、この教科書を使った講義の「授業外学修」には、机に向かう予習・復習などの勉強のほかに、以下のような活動も含まれます。

> ポートフォリオに記録しましょう。

・留学生や知り合いと中国語で話してみたり、中国のことを教えてもらったりする。
・中国に関するイベントに参加してみる。
・中国語圏の映画やドラマ、音楽等を視聴する。
・中国料理を作ったり、食べに行ったりする。
・中国に関するウェブサイトや本・雑誌・地図などを閲覧する。
・これらの体験について、先生やクラスメートに報告する。

◆付属教材（中国語ポートフォリオ）

　付属教材を通して、自己の学びを管理・記録したり、クラスメートとチェックしあったりしながら、実践的な中国語コミュニケーション能力を身につけていくことができます。なお、付属教材には以下の機能および内容が含まれています。

ポートフォリオ

・ポートフォリオは、中国語の学習過程や、授業内外での体験などを記録しておくものです。目標設定やふりかえり、自己／他者評価なども含まれます。

> 　バイト先の留学生に"你的爱好是什么？"と聞いてみました。そうしたら"我的爱好是听音乐。"と答えてくれました。自分の中国語が通じたのがとてもうれしかったです。

チェックシート

・チェックシートは、課ごとに必ず覚えるべき重要単語および会話例を集めたものです。予習・復習、テスト勉強などに活用しましょう。

・QRコードを読み取って、音声を聞いたり、フラッシュカードで学習したりすることができます。

・ゲームでクラスメートとスコアを競いましょう。

コミュニケーション用シート

・中国語を通してクラスメートと知り合っていくためのシートです。

・ある程度課が進んでからは、数回に1回程度（あるいは毎回）席替えをして、まだ話したことのないクラスメートとの、コミュニケーションの時間をとりましょう。

《ペア作りの例》

・これまで話したことの無い人と
・先生の指示（ランダム）で
・タスクによって

9

中国・中国語について

◆ **地図**　写真の場所がどこか、下から選びましょう。

兵馬俑（　　　　　　）　　　　草原（内蒙古 Nèiménggǔ）　　　　天安門（　　　　　　）

パンダ（　　　　　）　　　　　　　　　　　　　　　　　　　経済の中心地（　　　　　　）

特別行政区（　　　　　）　　　深圳の街並み（广东 Guǎngdōng）　　　台北 101（台湾 Táiwān）

①北京 (Běijīng)　②上海 (Shànghǎi)　③西安 (Xī'ān)　④四川 (Sìchuān)　⑤香港 (Xiānggǎng)

◆ **中国の国旗**

・中国の国旗を描いて色を塗りましょう。まずは
　想像でかまいません。書いたら調べ、その意味
　を確認しましょう。

材料：

◆ 普通話

・中国語のことを、汉语 Hànyǔ と言います。「漢語」すなわち漢民族の言語という意味です。なお、漢語といっても方言によって大きな差があります。お互いに方言を使って話せば、まったく通じないほどです。そこで作られたのが"普通话"、すなわち標準語です。皆さんがこの教科書で学ぶのも、この"普通话"です。

汉语 ┌─ 方言…北京語（官話）、上海語（呉語）、広東語（粤語）など
     └─ 普通话 pǔtōnghuà（標準語）

◆ 簡体字

・台湾や香港を除く中国大陸では、簡略化した漢字である「簡体字（かんたいじ）」を使い、また、発音表記のため「ピンイン（拼音）」という記号を用います。試しに簡体字を書いてみましょう。

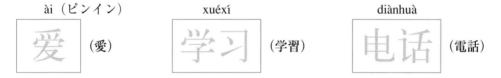

ài（ピンイン）		xuéxí		diànhuà	
爱	（愛）	学习	（学習）	电话	（電話）

・これらのように、中国語には日本語と共通の語彙がたくさんあります。ただし、同じ単語に見えて意味が違うものもあるので注意が必要です。

	xīnwén	xiānsheng	lǎopo
例：	新闻	先生	老婆
	ニュース	（男の人に）〜さん	奥さん

クイズ　次の単語の意味を、近くの人と相談して考えましょう。

fēijī		shǒujī		diànnǎo	
① 飞机（	）	② 手机（	）	③ 电脑（	）

＊ヒント "机" は「つくえ」ではなく、「機」の簡体字。／ "脑" は「脳」

発音編

◆ 単母音 🔊 001

a	口を大きく開けてアー
o	唇を丸く突き出してオー
e	口を左右に開き、喉の奥からウー
i (yi)	唇をさらに左右に引いてイー
u (wu)	唇を丸く思い切って突き出してオの口でウー
ü (yu)	唇をすぼめてユの口でイー

＊（　）は前に子音がないときの表記。

er	アと発音しながら、舌をそり上げる

◆ 声調 🔊 002

標準語には４つの声調があります。なお、声調を
持たない場合は「軽声」と呼ばれます。

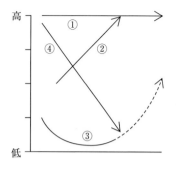

第一声　　高く平坦
第二声　　一気に上昇させる
第三声　　低く低く抑える
第四声　　高いところから一気に落とす
軽　声　　軽く添える（声調を持たない）

例

第一声	第二声	第三声	第四声
mā	má	mǎ	mà
妈	麻	马	骂
（お母さん）	（しびれる）	（馬）	（叱る）

練習　1　声調に気をつけて、次の文を読んでみましょう。また、友達とどんな意味になる
　　　　か相談しましょう。　🔊 003

Māma　mà mǎ.
妈妈　骂 马。

練習　2　CD あるいは先生の発音を聞きながら、発音しましょう。　🔊 004

a ── ā á ǎ à　　　　o ── ō ó ǒ ò
e ── ē é ě è　　　　i ── yī yí yǐ yì
u ── wū wú wǔ wù　　ü ── yū yú yǔ yù
er ── ēr ér ěr èr

練習　3　発音された声調を（　　）の中に書きましょう。　🔊 005

（　）　（　）　（　）　（　）　（　）　（　）　（　）
　a　　　o　　　e　　　i　　　u　　　ü　　　er

◆ 複合母音　🔊 006

ai	ei	ao	ou	
ia	ie	ua	uo	üe
(ya)	(ye)	(wa)	(wo)	(yue)
iao	iou	uai	uei	
(yao)	(you)	(wai)	(wei)	

＊（　）は前に子音がないときの表記。
＊ iou,uei の前に子音がくるときは、iou → -iu、uei → -ui と表記する。
　例：l + iou → liu　　d + uei → dui

練習　それぞれどのような発音になるか、友達と相談しましょう。その後、音声を聞いて発音された方に○をつけましょう。　🔊 007

（1）ai　　　　ei　　　　　　（2）ou　　　uo(wo)　　　　（3）ia(ya)　　ie(ye)
（4）wei　　　yue　　　　　　（5）wo　　　wu　　　　　　（6）you　　　yu

◆ 子音①　🔊 008

	息を抑える	息を激しくパッと出す		
	無気音	有気音		
唇音	b(o)	p(o)	m(o)	f(o)
舌先音	d(e)	t(e)	n(e)	l(e)
舌根音	g(e)	k(e)	h(e)	

練習 1　CD あるいは先生の発音につづいて、無気音と有気音に注意して発音しましょう。
🔊 009

bo ／ po　　　　ba ／ pa　　　　bao ／ pao　　　　biao ／ piao　　　　bei ／ pei
de ／ te　　　　da ／ ta　　　　die ／ tie　　　　duo ／ tuo　　　　dui ／ tui
ge ／ ke　　　　gu ／ ku　　　　gao ／ kao　　　　gui ／ kui　　　　guai ／ kuai

練習 2　どのように発音するか友達といっしょに考えて、発音してみましょう。　🔊 010

　　　　māo　　　　　fēi　　　　　　nǐ　　　　　　lèi　　　　　　hē
（1）猫　　　（2）飞　　　（3）你　　　（4）累（疲れる）　（5）喝（飲む）

総合練習 どのように発音するか友達といっしょに考えて、発音してみましょう。　🔊)) 011

　　　　　Wǒ　è　　le.
（1）　我　饿　了。（私はお腹がすきました。）

　　　　　Nǐ　lèi　le　ma?
（2）　你　累　了　吗?　（あなたは疲れましたか。）

　　　　　Hē　bēi　kěkě　ba.
（3）　喝　杯　可可　吧。（ココアを一杯どうぞ。）

◆ 声調記号の付け方

基本

> （1）母音の上に付ける。（mā）
> （2）i の上に付ける場合は、上の点をとる。（nǐ）

複合母音の場合

> （1）a があればその上に付ける。（hǎo）
> （2）a がなければ、e か o の上に付ける。（méi, duō）
> （3）iu, ui の場合には、後ろに付ける。（liù, duì）

練習　1　発音を聞いて、声調記号を付けましょう。　🔊)) 012

（1）　mao　　　　　（2）　tie　　　　　（3）　jiu　　　　　（4）　ni

（5）　tiao　　　　　（6）　you　　　　　（7）　gei　　　　　（8）　hui

練習　2　発音を聞いて、ピンインを書きましょう。　🔊)) 013

（1）　　　　　　　（2）　　　　　　　（3）　　　　　　　（4）

（5）　　　　　　　（6）　　　　　　　（7）　　　　　　　（8）

an	en	in	ian	uan	uen	üan	ün
		(yin)	(yan)	(wan)	(wen)	(yuan)	(yun)
ang	eng	ing	iang	uang	ueng	ong	iong
		(ying)	(yang)	(wang)	(weng)		(yong)

＊（ ）は前に子音がないときの表記。
＊ uen の前に子音がくるときは、-un と表記する。　例：l + uen → lun　d + uen → dun
＊声調記号は、n, ng 以外の母音の上に付ける。

an

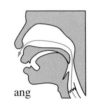

ang

練習　まずは、それぞれの発音の違いを友達と確認しましょう。その後、音声を聞いて読まれた方に○をつけましょう。　🔊 015

（1） en ／ eng　　　（2） yan ／ yang　　　（3） wan ／ wang

（4） wen ／ weng　　（5） nian ／ niang　　（6） gen ／ geng

◆ 子音②　🔊 016

	無気音	有気音		
舌面音	j(i)	q(i)	x(i)	
そり舌音	zh(i)	ch(i)	sh(i)	r(i)
舌歯音	z(i)	c(i)	s(i)	

＊ j, q, x の後の ü は、ウムラウトが省略される。
（例 jü → ju　qü → qu　xü → xu）

舌をそりあげて
上につける

少し隙間を空けて
息を摩擦させる

最初から隙間を
少し空けておく

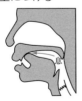 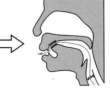

zh／ch

sh／r

練習　1　CD あるいは先生の発音を聞きながら、無気音と有気音に注意して発音しましょう。

🔊 017

ji ／ qi	ju ／ qu	jie ／ qie	jue ／ que	jing ／ qing
zhi ／ chi	zha ／ cha	zhe ／ che	zhu ／ chu	zhen ／ chen
zi ／ ci	za ／ ca	zai ／ cai	zu ／ cu	zang ／ cang

練習　2　どのように発音するか友達と相談して、発音してみましょう。　🔊 018

（1）jì ／ zì　　（2）qí ／ cí　　（3）xī ／ sī　　（4）lì ／ rì
（5）shū ／ xū　（6）qù ／ kù　（7）jǔ ／ zǔ　（8）xí ／ shí

練習　3　次の単語をどのように発音するか友達と相談して、読んでみましょう。　🔊 019

xuésheng	qù	cídiǎn	zìxíngchē	cānjiā
学生	去	词典	自行车	参加
（学生）	（行く）	（辞書）	（自転車）	（参加する）

shū	chī	lǎoshī	Rìběn	Zhōngguó
书	吃	老师	日本	中国
（本）	（食べる）	（先生）	（日本）	（中国）

早口言葉（绕口令 ràokǒulìng）に挑戦しよう　🔊 020

① Sì shì sì,　shí shì shí,　shísì shì shísì,　sìshí shì sìshí.
　四 是 四,　 十 是 十,　 十四 是 十四,　 四十 是 四十。
　（4 は 4、　10 は 10、　14 は 14、　40 は 40。）

② Shísì búshì sìshí,　 sìshí búshì shísì.
　十四 不是 四十,　 四十 不是 十四。
　（14 は 40 ではなく、40 は 14 ではない。）

＊それぞれうまく発音できたら、①と②を続けて発音してみましょう。

発音編

◆ 声調変化

（1）第三声の声調変化 🔊 021

● 第三声の前では、第二声に変化。

∨ + ∨ → ╱ + ∨

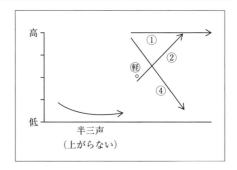

|例| Nǐhǎo
你好 | shuǐguǒ
水果
（果物） | hěnhǎo
很好
（とてもよい） |

● 第三声以外（第一声・第二声・第四声・軽声）の前では、半三声（上がらない三声）に変化。

∨ + ￣・╱・＼・軽 → 半三声 + ￣・╱・＼・軽

|例| shǒujī
手机 | hǎochī
好吃 | qǐchuáng
起床 | Měiguó
美国 | wǎnfàn
晚饭 | bǐjiào
比较 | jiǎozi
饺子 | jiějie
姐姐 |

練習 第三声の変化に注意して、次の文を読んでみましょう。 🔊 022

（1）请喝茶。 Qǐng hē chá. （お茶をどうぞ。）
（2）等一下。 Děng yí xià. （ちょっと待って。）
（3）你好吗? Nǐ hǎo ma? （元気ですか。）
（4）好久不见。 Hǎo jiǔ bú jiàn. （久しぶり。）

（2）"一 yī" の声調変化 🔊 023

● 第一, 二, 三声の前では、第四声に変化。
● 第四声の前では、第二声に変化。

yī＋第一声	一般 yìbān	（普通）	→ 第四声（yì）に変化。
yī＋第二声	一年 yìnián		
yī＋第三声	一起 yìqǐ	（一緒に）	
yī＋第四声	一定 yídìng	（きっと）	→ 第二声（yí）に変化。

＊語の最後にある場合や、序数（順序を表す数）、数字をつぶ読みする場合は第一声のまま。

wànyī	dì yī kè	yī yuè	yī niánjí	èr líng yī jiǔ nián
万一	第 一 课	一 月	一 年级	二 ○ 一 九 年

（3）"不 bù" の声調変化 🔊 024

● 第四声の前では、第二声に変化。（それ以外は第四声のまま）

bùgāo	bùxíng	bùhǎo	bushì
例 不高（高くない）	不行（ダメ）	不好（良くない）	不是（いいえ）

練習 次の "一 yi" "不 bu" の上に声調記号を付けて、発音しましょう。 🔊 025

yiyán wéi dìng	yijiàn zhōng qíng	yijǔ liǎng dé	yibānbān
（1）一言为定	（2）一见钟情	（3）一举两得	（4）一般般
（約束だよ）	（一目惚れ）	（一挙両得）	（ふつう／ビミョー）

bu cuò	bu hǎo yìsi	bu kèqi	bu zhīdào
（5）不错	（6）不好意思	（7）不客气	（8）不知道
（なかなかよい）	（申し訳ない）	（どういたしまして）	（知らない）

◆ **r 化音** 語の最後に舌を巻き上げる。 🔊 026

- -

huā	huār	huà	huàr	xiǎohái	xiǎoháir	wán	wánr
花 → 花儿		画 → 画儿		小孩 → 小孩儿		玩 → 玩儿	

＊r の前の i, n, ng は発音しない。

数字を覚えよう 🔊 027

① 1 から 10 まで続けて、何も見ずに言えるように練習しましょう。
② どの数字でもすぐに言ったり、聞き取ったりできるようにペアで練習しましょう。

 yī
 èr
 sān
 sì
 wǔ

 liù
qī
 bā
 jiǔ
shí

＊手の形は地方によって異なります。

クイズ 次の単語を発音して、どの企業・ブランドのことかを考えよう。 🔊 028

	Fēngtián	Suǒní	Jiānéng
（日本企業）	丰田 （＊本田ではない）	索尼	佳能
（飲食）	Kěkǒukělè 可口可乐	Màidāngláo 麦当劳	Kěndéjī 肯德基

◆ ピンインのまとめ（読み間違えないための３つの重要ポイント＋α）

１．"e" の区別

（１）母音が "e" だけの場合は、口を横に引いてのどの奥からウー
（２）複合母音の場合は、エに近くなる（ie, ei, uei, üe）
（３）en はエに近く、eng は e の口で喉の奥からオを出すつもりで

練習　"e" の発音に注意して、友達と相談しながら以下の単語を読んでみましょう。　🔊 029

wéi	jiějie	mèimei	gēge	yuè
喂	姐姐	妹妹	哥哥	月
（もしもし）	（姉）	（妹）	（兄）	（月）

wǒmen	néng	shénme	péngyou	zěnmeyàng
我们	能	什么	朋友	怎么样
（私たち）	（～できる）	（何）	（友だち）	（どう）

２．"ian" と "iang" の区別

ian(yan) イエン
iang(yang) イアン

練習　"ian" "iang" の発音に注意して、以下の単語を読んでみましょう。　🔊 030

jīnnián	piàoliang	diànshì	xiàngpí	qiānbǐ
今年	漂亮	电视	橡皮	铅笔
（今年）	（美しい、きれい）	（テレビ）	（消しゴム）	（鉛筆）

３．"z" "c" "s" と "j" "q" "x"

zi, ci, si の i は、イの口でウー
ju, qu, xu の u は、ü の音（ウムラウトが省略されている）

練習　以下の単語を読んでみましょう。　🔊 031

jiǎozi	diànzǐcídiǎn	sījī	xuéxí	qù nián	juéde
饺子	电子词典	司机	学习	去年	觉得
（餃子）	（電子辞書）	（運転手）	（学習）	（去年）	（思う）

４．その他の間違いやすい表記　🔊 032

wǒ	yǒu
我	有

実践編

凡 例

● 本文の横に挙げてある「語彙」で、☆が付いているものは、必ず覚えるべき重要単語です。

● 「補充単語」のなかで、（2級）（3級）と書かれているものは、HSKの2級および3級レベルの語彙であることを示しています。検定を目指す人は、これらも覚えましょう（各課の初めの「単語」には、書いていなくても2級以上の語彙が含まれています）。

名前について話す

你叫什么名字?

到達目標

□ ごく基本的な挨拶ができる。
□ スマートフォンで簡体字やピンイン、発音を調べることができる。
□ 自分や友達の名前を言ったり、たずねたりできる。

●はじめまして！　🔊 033

Nǐ hǎo!
你好！

Nǐ hǎo!
你好！

> ＊中国の人は基本的に、よく会う知人や、親しい間柄の人に対して"你好"だけで挨拶することはありません。"你好"は、初対面の場面で「はじめまして」「よろしく」の意味や、長く離れていた人に久しぶりに会ったときなどによく使います。親しい人にこれだけで挨拶すると、かえって他人行儀に思われてしまうことに注意しましょう。

●こんにちは！

　中国人同士なら、「どこ行くの？」「授業？」「ご飯食べた？」など、その場に応じた挨拶が一般的ですが、みなさんが知っている人に、"你好"を使うのであれば、名前も一緒に呼びかけると好感度がアップします。＊敬称は不要です。

Měilíng.
美玲。

Zhāng Yí, nǐ hǎo!
张怡，你好！

张怡（張　怡）
チョウ　イ

美玲（林　美玲）
はやし　みれい

【人称代名詞】 🔊 034

	私	あなた		彼	彼女
単数	wǒ 我	nǐ 你	nín 您	tā 他	tā 她
複数	wǒmen 我们	nǐmen 你们		tāmen 他们	tāmen 她们

タスク（1）

① スマートフォンや電子辞書を使って、次の単語を中国語でなんというか調べましょう。

リンゴ	ピンイン 簡体字 ＿＿＿＿＿＿＿	自転車	ピンイン 簡体字 ＿＿＿＿＿＿＿

② 正解を確かめ、どうすればより適切に調べられるか、まわりの友達と話し合いましょう。

> メモ
>
>
>
>
>
>

タスク（2）
自分の中国語名を調べましょう！
（調べ方の例は、付属教材 p.11 を確認して下さい）

（ピンイン）

（簡体字）＿＿＿＿＿＿＿＿＿＿＿＿＿＿＿＿＿＿＿

名前の聞き方と、答え方を覚えて使ってみよう　🔊 035

1. フルネームを聞く

  Nǐ jiào shénme míngzi? Wǒ jiào Zhāng Yí.

你 叫 什么 名字? → 我 叫 张 怡。   *"叫"「～と言う」 "什么"「何、どんな」

2. 丁寧に姓を聞く

  Nín guìxìng? Wǒ xìng Lín, jiào Lín Měilíng.

您 贵姓? → 我 姓 林（, 叫 林 美玲）。   *"姓"「～という姓である」

> "叫" に続けてフルネームを言っても良い。

練習 1　次の問いの答えを書きましょう。書いたら友達と練習しましょう。

你叫什么名字? _____

您贵姓? _____（フルネームも）

タスク（3）　まだクラスのみんなの名前と顔が一致しない先生に、友達の名前を教えてあげましょう。

① 先生の指示に従って前後で4人ほどのグループを作り、中国語で名前を聞いて、書いてから覚えましょう。

> 横一列で4人グループにはならないで！

ピンイン
簡体字
ピンイン
簡体字
ピンイン
簡体字

② 例にならって、グループの人の名前を他者（先生）に紹介できるように練習しましょう。

    Tā jiào shénme míngzi?   Tā jiào Lín Měilíng.

例 A：她（他）叫 什么 名字? B：她（他）叫 林 美玲。

24

補充単語　　🔊 036

【中国に多い姓】

Wáng	Lǐ	Zhāng	Liú	Chén
王	李	张（張）	刘（劉）	陈（陳）
Yáng	Huáng	Zhào	Wú	Zhōu
杨（楊）	黄	赵（趙）	吴（呉）	周

練習 2 　先生の姓や、知り合いの中国人の姓名を書いて覚えましょう。

ピンイン

　　　　　　　　　　　　　　lǎoshī
簡体字 ＿＿＿＿＿＿＿＿老师　　＿＿＿＿＿＿＿＿＿＿＿＿
　　　　　　　　　　　　　　　　　　　（友達や知り合い）

練習 3 　（リスニング）だれとだれが話しているか聞いて、線で結びましょう。　🔊 037

Lǐ Yáng
李 洋

・

Língmù
铃木

・

Wáng Wěi
王 伟

・

・

Yáng Míng
杨 明

・

Liú　Mǎlì
刘 玛丽

・

Zhāng Yí
张 怡

第1課 身分や出身地について話す

你是中国人吗?

到達目標

□ 相手の身分や出身国／出身地を確認したり、答えたりできる。

到達目標（Can-do）は、この課で何ができるようになるかを示しています。毎回行われるコミュニケーション活動で、これらが実際に"**できる**"ようになることを目指します。

CDやスマートフォン等で音声を聞いて覚えましょう。

単語（事前学習①）　🔊 038

【身分】

① 学生 xuésheng / xuéshēng	学生
② 老师 lǎoshī	先生
③ 留学生 liúxuéshēng	留学生

【国や地域】

① 中国 Zhōngguó	中国	⑤ 中国人 Zhōngguó rén	中国人
② 台湾 Táiwān	台湾	⑥ 台湾人 Táiwān rén	台湾人
③ 日本 Rìběn	日本	⑦ 日本人 Rìběn rén	日本人
④ 美国 Měiguó	アメリカ	⑧ 美国人 Měiguó rén	アメリカ人

【都市と出身】

① 北京 Běijīng	北京	④ 北京人 Běijīng rén	北京出身
② 上海 Shànghǎi	上海	⑤ 上海人 Shànghǎi rén	上海出身
③ 东京 Dōngjīng	東京	⑥ 东京人 Dōngjīng rén	東京出身

補充単語 🔊 039

知り合いの出身地があれば、地図で確かめて
おきましょう（覚える必要はありません）。

【都市と地域】

① 哈尔滨 Hā'ěrbīn   ⑤ 重庆 Chóngqìng   ⑨ 西安 Xī'ān

② 大连 Dàlián   ⑥ 四川 Sìchuān   ⑩ 福建 Fújiàn

③ 内蒙古 Nèiménggǔ   ⑦ 苏州 Sūzhōu   ⑪ 广东 Guǎngdōng

④ 天津 Tiānjīn   ⑧ 南京 Nánjīng   ⑫ 香港 Xiānggǎng

確認して、理解しておきましょう。

文法項目（事前学習②） 🔊 040

例

文法項目①

1.	A是B shì	「AはBである」	Wǒ shì Rìběnrén. 我 是 日本人。（私は日本人です。）
2.	A不是B búshì	「AはBではない」	Wǒ búshì Zhōngguórén. 我 不是 中国人。（私は中国人ではありません。）
3.	A是B吗? ma	「AはBか」	Nǐ shì Zhōngguórén ma? 你 是 中国人 吗?（あなたは中国人ですか。）

文法項目②

1.	哪里 nǎli	「どこ」（疑問詞の用法）	Nǐ shì nǎli rén? 你 是 哪里 人?（あなたはどこの人ですか。） 出身を聞く↑
2.	也 yě	「〜も」	Tā yě shì Zhōngguórén. 他 也 是 中国人。（彼も中国人です。）

・"哪里"（どこ）、"什么"（何、どんな）などの疑問を表す言葉（疑問詞）
があれば、文末の"吗"は不要です。
・あえて「どの国」か聞きたい場合は"哪国 nǎguó"を使います。

第1課 身分や出身地について話す

Nǐ shì Zhōngguó liúxuéshēng ma?

林：你 是 中国 留学生 吗?

Shìde, wǒ shì Zhōngguó liúxuéshēng.

张：是的, 我 是 中国 留学生。

Nǐ shì Zhōngguórén ma?

你 是 中国人 吗?

Búshì, wǒ búshì Zhōngguórén. Wǒ shì Rìběnrén.

林：不是, 我 不是 中国人。 我 是 日本人。

語彙

☆是 shì ～である。
☆是的 shìde はい。(そうです)
☆吗 ma（疑問）～か
☆不 bù ～でない／～しない

☆の付いた語彙は、すべて
おぼえましょう。

1-2. **文型練習**　暗唱＋置き換え練習　🔊042

①例文と単語をおぼえましょう。
②[ ]のなかを入れ換えましょう。

1. 自分の国籍や身分を言う。

Wǒ shì Rìběnrén. Wǒ búshì Zhōngguórén.

我 是 [日本人]。 ／ 我 不是 [中国人]。

2. 相手の国籍や身分を確かめたり、答えたりする。

Nǐ shì Rìběnrén ma?

A：你 是 [日本人]吗?

Shìde, wǒ shì Rìběnrén.

（はい）B：是的, 我 是 [日本人]。

「はい」は "是" だけでもかまいませんが、
やや堅い表現になります。

Búshì, wǒ shì Zhōngguórén.

（いいえ）B：不是, 我 是 [中国人]。

Rìběnrén
① 日本人

Zhōngguórén
② 中国人

xuésheng
③ 学生

lǎoshī
④ 老师

liúxuéshēng
⑤ 留学生

＊順番はバラバラにして、人物を指さして聞いてみましょう。
＊単語を入れ換え、肯定でも否定でも、教科書を見ずに答えられるようになるまで練習しましょう。

1-3.　**練習**　人物を指さしながら、会話練習をしましょう。

例　她是［日本人／中国人／美国人］吗?

　　　他是［老师／学生］吗?

> ［　］のなかを入れ換えて、どう聞かれても
> すぐに答えられるように練習しましょう。

＊先生ではない

① 中国人 学生	② アメリカ人 先生	③ 日本人 学生＊	④ 日本人 先生

1-4.　**練習（A）**　（インフォメーション・ギャップ→右側の人は p.119 を参照）　🔊 043
〈相手〉の身分と国を聞いて、空欄に書きましょう。

例

你是学生吗?

是的，我是学生。

你是中国人吗?

不是，我是美国人。

例	〈あなた〉	〈相手〉
学生	老师	
美国人	中国人	

> ⚠ この人の情報はペアの相手（B）が持っています。相手の
> ページは見ずにこの人が学生かどうか、中国人かどうかを
> 相手に聞いて、その答えを書き入れて下さい。

1-5.　**練習**　（1）どんな人なのか、友だちと話し合ってみましょう。　🔊 044
（2）音声を聞いて、線で結びましょう。

范冰冰 Fàn Bīngbīng　・

奥巴马 Àobāmǎ　　　・

金城武 Jīnchéng Wǔ　・

林志玲 Lín Zhìlíng　・

　　　　　・日本人

　　　　　・中国人

　　　　　・台湾人

　　　　　・アメリカ人

> それぞれどんな人なのか、
> ネットで調べてみましょう。

Nǐ hǎo! Wáng Wěi.
林: 你 好！ 王 伟。

Nǐ hǎo nǐ hǎo!
王: 你 好 你 好！

Nǐ yě shì liúxuéshēng ma?
林: 你 也 是 留学生 吗？

Shìde.
王: 是的。

Nǐ shì nǎli rén?
林: 你 是 哪里 人？

Wǒ shì Běijīngrén.
王: 我 是 北京人。

語彙

☆也 yě 〜も
☆哪里 nǎli どこ

2-2. 　**文型練習**　（暗唱＋置き換え練習） 🔊 046

---

1. 他の人も同じなのか確認する。

Tā yě shì Zhōngguórén ma?
A: 她 也 是［ 中国人 ］吗？

Shìde, Tā yě shì Zhōngguórén. Búshì, Tā shì Měiguórén.
B: 是的，她 也 是［ 中国人 ］。／（不是，她 是 美国人。）

Zhōngguórén
例　中国人

Rìběnrén
① 日本人

xuésheng
② 学生

lǎoshī
③ 老师

2. 出身地を聞いたり答えたりする。

Nǐ shì nǎli rén?
A：你 是 哪里 人?

Wǒ shì Běijīng rén.
B：我 是 [北京] 人。

Běijīng
北京
例

Dōngjīng
东京
①

Táiwān
台湾
②

Shànghǎi
上海
③

"你是哪里人？"は、一般的には出身地域を聞く表現ですが、まだ相手の国籍等を知らない段階で聞くと、相手は"中国人"などと答えることもあります。

2-3. 練習 例にならって、a と b の人についてペアで会話しましょう。
⚠ 例文を見ずに会話できるようになるまで練習しましょう。

例 a **A**：她是 [上海人] 吗? **B**：是的，她是 [上海人]。
  b **A**：他也是 [上海人] 吗? **B**：(是的，他也是上海人。)

例 a
Shànghǎirén
上海人

b
(上海人)

① a
Běijīngrén
北京人

b
(北京人)

② a
Rìběnrén
日本人

b
Měiguórén
(美国人)

2-4. 練習（A） (インフォメーション・ギャップ→左側の人は p.119 を参照)
空欄になっている人の番号を言ってから、出身地を聞いて書きましょう。

例 **A**：她是哪里人? **B**：她是 [东京人]。

例	①	②	③	④

东京人	北京人	( )	上海人	( )

2-5. 練習 | 次の空欄を埋めて、左右の会話文を完成させましょう。

1. 你叫什么名字?	（自分）
2.	不是，我是学生。
3.	是的，她也是学生。
4. 你是哪里人?	

> 付属教材 p.12 を見て、都道府県名や都市名を確認しましょう。
> また、発音できるように練習しましょう。

タスク　中国語でクラスメートと知り合い、出身地を聞きましょう。

① 出身学生が多そうな都道府県名や都市名を確認しておきましょう。

② クラスメートに名前と出身地を聞いて、書きましょう（前や後ろの席など、まだ名前や出身地を知らないクラスメートに聞きましょう）。

⚠ 出身地が同じなら "也" を使いましょう。

你好！　你好！　你叫什么名字? ………

	名前	出身地
①		
②		
③		

使ってみよう（1）　🔊 047

すぐに使えるように覚えて、実際に使ってみましょう。

●先生への挨拶

lǎoshī　hǎo!
_____　老师　好！

●複数人への挨拶

Nǐmen hǎo!
你们　好！

＊自分が教えてもらっている先生に"你好"だけで挨拶するのは、よそよそしいうえに失礼に感じられることがあります。名前を覚えて職名とともに挨拶に使いましょう。

●別れる

Zài jiàn.
再　见。＊

Zài jiàn.
再　见。

＊仲の良い友達同士なら、"拜拜 Báibái"（英語の Bye-bye）のほうがより自然です。

第2課 身の回りの物や人について話す

这是什么？

到達目標

☐ 身近にある物の情報について質問したり、答えたりできる。
☐ 身近な人について、自分との関係を表現できる。

単語（事前学習①） 🔊 048

【指示代名詞】

① 这 zhè	これ
② 那 nà	それ／あれ
③ 哪 nǎ	どれ、どの

【疑問詞】

| ① 什么 shénme | 何 |
| ② 谁 shéi | 誰 |

【身の回りの物】

① 杯子 bēizi	コップ		⑤ 手机 shǒujī	携帯電話
② 笔 bǐ	筆：鉛筆、ボールペン等		⑥ 书 shū	本
③ 电脑 diànnǎo	パソコン		⑦ 桌子 zhuōzi	机
④ 苹果 píngguǒ	リンゴ		⑧ 椅子 yǐzi	椅子

【身近な人々】

| ① 朋友 péngyou | 友達 |
| ② 同学 tóngxué | 学友、クラスメート |

【言語】

| ① 汉语 Hànyǔ | 中国語 |

補充単語 049

【言語】

① 中文 Zhōngwén 中国語≒汉语

③ 英语 Yīngyǔ 英語

② 日语 Rìyǔ 日本語

【身の回りの物】

① 帽子 màozi 帽子（3級）

④ 眼镜 yǎnjìng メガネ（3級）

② 铅笔 qiānbǐ 鉛筆（3級）

⑤ 伞 sǎn 傘（3級）

③ 手表 shǒubiǎo 腕時計（2級）

⑥ 包 bāo かばん、バッグ（3級）

【身近な人々】

① 学长 xuézhǎng 男の先輩

③ 学弟 xuédì 男の後輩

② 学姐 xuéjiě 女の先輩

④ 学妹 xuémèi 女の後輩

＊同じ学校の先輩後輩のみに使う言葉です。

 文法項目（事前学習②） 050

例

文法項目①

shénme　　shéi **1.** 什么「何」、谁「誰」 （疑問詞疑問文）	Zhè shì shénme? 这 是 什么？（これは何ですか。） Tā shì shéi? 她 是 谁？（彼女は誰ですか。）
de **2.** 的「～の」	Zhè shì wǒ de shǒujī. 这 是 我 的 手机。（これは私の携帯です。）

文法項目②

ne **1.** 呢「～は？」（省略疑問文）	Nǐ ne? 你 呢？（あなたは？）
dōu **2.** 都「すべて、みな、どちらも」	Tāmen dōu shì Zhōngguórén. 他们 都 是 中国人。（彼らはみな中国人です。）

Zhè　shì　shénme?
林: 这 是 什么?

Zhè　shì　èrhú.
张: 这 是 二胡。

Zhè　shì　nǐ　de　èrhú　ma?
林: 这 是 你 的 二胡 吗?

Búshì,　zhè　shì　tā　de.
张: 不是, 这 是 她 的。

語　彙

二胡 èrhú
二胡／アルフ（楽器の名前）

1-2. 　文型練習　（暗唱＋置き換え練習） 🔊 052

> なぜ文末に "吗" が付いていないのか、話し合いましょう。

1. 物の情報についてたずねたり、答えたりする。

Zhè　Nà　shì shénme?
A: [这 / 那] 是 什么?

Zhè　Nà　shì　diànnǎo.
B: [这 / 那] 是 [电脑]。

diànnǎo	shǒujī	bēizi	shū	bǐ
例 [电脑]	① [手机]	② [杯子]	③ [书]	④ [笔]

2. 持ち主をたずねたり、答えたりする。

Zhè shì nǐ de shǒujī ma?
A：这 是 你 的 ［ 手机 ］ 吗?

Shìde, zhè shì wǒ de shǒujī.
○B：是的，这 是 ［ 我 ］ 的 ［ 手机* ］。

Búshì, zhè shì tā de shǒujī.
×B：不是，这 是 ［ 她 ］ 的 ［ 手机* ］。

shǒujī　wǒ　tā　　　shū　　Lǐ lǎoshī　　diànnǎo　wǒ　　　bǐ　Wáng Wěi
例 手机…○我 / ×她　① 书 …×李老师　② 电脑…○我　③ 笔…×王伟

*分かっていれば省略可

1-3.　練習
中国語でなんと言いますか？書かずに覚えましょう。
覚えたらペアで、すぐに言えるように練習しましょう。

例　A：这是什么?　　B：这是 ［ 手机 ］。

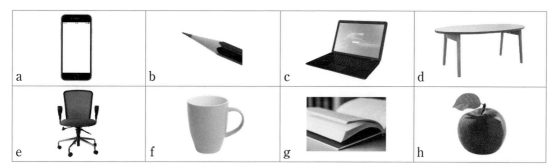

1-4.　練習（A）
（インフォメーション・ギャップ→右側の人は p.120 を参照）
③④の絵が何か予想して、ペアの相手に確認してみましょう。

⚠ 番号以外は日本語使用禁止！

例　A：这是 ［（予想）］ 吗?　　B：是的，这是 ［　　　］
　　　　　　　　　　　　　　　　不是，这不是 ［　　　］。

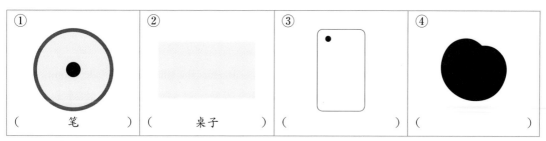

どうしても予想がつかなければ、それが何か中国語で聞いてみましょう。

4人程度のグループで、自分の持ち物を持ち寄り、それぞれ誰の持ち物か答えられるようになりましょう。

●ステップ1

> 多少年齢が違っても呼び捨てで問題ありません。ただし、一文字で呼び捨てにするのは不自然。

グループの人の呼び方を決めましょう。

　例）　姓または名（2～3文字）のどちらか一方。

　　　姓＋名で2～3文字であれば、フルネームでも良い。

Língmù 例1　鈴木	Měilíng 例2　美玲

●ステップ2

・持ち物を机の上に出して一カ所に集めましょう（絵を描いてカードにしてもOK）。

・名前が分からない自分の物は調べたうえで、例にならって他の人の物について聞いてみましょう。

① 名前が分からない物について確認する。

　　　　　　　　　yǎnjìng

　A：这是什么？　　B：这是［眼镜］。

> 先生や他のグループの人に聞かれても、すぐに答えられるように練習しましょう。

② 誰の物か聞く。

　　　　Zhè shì nǐ de shǒujī ma?　　　　　Shìde, zhè shì wǒ de shǒujī.

　例　A：这是你的［手机］吗？　○B：是的，这是我的手机。

　　　　　　　　　　　　　　　　　Búshì, zhè shì Měilíng de shǒujī.

　　　　　　　　　　　　　　　×B：不是，这是［美玲］的手机。

2-1.　場面（本文2）　張さんにいろんな人のことを教えてもらいます。　🔊 054

Tā shì shéi?
林：她 是 谁?

Tā shì wǒ péngyou. Tā jiào Mǎlì.
张：她 是 我 朋友。她 叫 玛丽。

Tāmen ne?
林：他们 呢?

Tāmen dōu shì wǒ de tóngxué.
张：他们 都 是 我 的 同学。

> **語彙**
> ・玛丽 Mǎlì マリー（人名）
> ☆的 de 〜の

右側縦書き：第2課 身の回りの物や人について話す

2-2.　文型練習　（暗唱＋置き換え練習）　🔊 055

1. 人の情報をたずねたり、答えたりする。

Tā shì shéi?
A：他 是 谁?

Tā shì wǒmen lǎoshī.
B：他 是 [我们 老师]。

> 人称代名詞（我，你，他など）の後に、[家族・友人などの人間関係や所属（家・学校…）] が来る場合には、「〜の」を示す "的" は省略できます。

wǒmen lǎoshī
例 我们 老师

Lǐ lǎoshī
① 李 老师

wǒ péngyou
② 我 朋友

wǒ tóngxué
③ 我 同学

2. 質問を省略して聞く。

Nǐ ne?
[你] 呢?

	Nǐ		Tā		Mǎlì		Tāmen
例	你	①	他	②	玛丽	③	他们

3. すべて、みな、どちらも～であることを示す。

Tāmen dōu shì Zhōngguórén ma?

A：她们 都 是 ［中国人］ 吗?

Shìde, Tāmen dōu shì Zhōngguórén.

B：是的, 她们 都 是 ［中国人］。

Zhōngguórén

例 中国人

xuésheng

① 学生

nǐ / wǒ de péngyou

② 你 / 我 的 朋友

nǐ / wǒ de tóngxué

③ 你 / 我 的 同学

2-3. 練習　絵を見て、自分との関係としてふさわしい表現を ［ ］内に書き、例に
従ってペアで練習しましょう。

Hànyǔ

例　A：［她］是谁?　　　B：［她］是 ［我的 汉语 老师］。

我叫…

↑

例 ［她］…［我的汉语老师］

① ［她］…［＿＿＿＿＿＿＿＿］

My name is …

② ［她］…［＿＿＿＿＿＿＿＿］

③ ［她们］…［＿＿＿＿＿＿＿＿］

2-4.　練習（A）　（インフォメーション・ギャップ→左側の人は p.120 を参照）　🔊 056

① まず先生と一緒に、人名の発音を確認しましょう。

② 番号を指定して、出身地を聞いて書きましょう。

> ここは変えずに聞きましょう

> ⚠ "都" が使える場面を考えて
> 使ってみましょう。

例　A：她们是哪里人？　　　　　　B：（张怡是上海人。马丽是北京人。）

例		①		②	
Zhāng Yí 张怡 （上海人）	Mǎ Lì 马丽 （北京人）	Lǐ lǎoshī 李 老师 （　　）	Yáng lǎoshī 杨 老师 （　　）	Měilíng 美玲 （　　）	Língmù 铃木 （　　）

③
Chén Lì　陈力　／　Zhānglǎoshī　张 老师（上海人）

④
Wáng Wěi　王伟（北京人）　／　Ānnà　安娜（美国人）

使ってみよう（2）　🔊 057

●あなたは？

> 你好！我叫［张怡］。
> 你呢？

> 你好！我叫…

①会話例に沿って、パートナーと会話してみましょう。

②你呢？を使って、パートナーから、その他の情報を聞き出しましょう。（ここではもう你好！を使う必要はありません）

③4人程度のグループを作り、みんなの情報を聞き出しましょう。

第3課 年齢や学年、所有について話す

你今年多大？

到達目標

☐ 数字を言ったり、聞き取ったりすることができる。
☐ 年齢や学年について質問したり、答えたりできる。
☐ 相手の所有の有無について確認したり、答えたりできる。
☐ 通話アプリや携帯番号などの連絡先を交換できる。
☐ 簡単な自己紹介ができる。

 単語（事前学習①） 🔊 058

【数字】

líng	yī	èr	sān	sì	wǔ	liù	qī	bā	jiǔ	shí
零	一	二	三	四	五	六	七	八	九	十

shíyī	shíèr		èrshí	èrshiyī	èrshièr	
十一	十二	……	二十	二十一	二十二	……

sānshí	sìshí	wǔshí	liùshí	qīshí	bāshí	jiǔshí	yìbǎi
三十	四十	五十	六十	七十	八十	九十	一百

yìbǎilíngyī	yìbǎiyī shí	èrbǎi(liǎngbǎi)	yìqiān	liǎngqiān	liǎngwàn
一百零一	一百一（十）	二百（两百）	一千	两千	两万

【数を聞く疑問詞】

① 几 jǐ　　　　　いくつ（10以下を予想）

② 多少 duōshao　いくつ（数に制限はない）

③ 多大 duōdà　　いくつ（年齢を聞く）

42

文法項目（事前学習②） 🔊 059

文法項目①

1.「是」の省略（名詞述語文）

*年齢・学年を言う時には「是」を省略できる。ただし、否定文では省略しない。

Wǒ shíjiǔ suì.
我 十九 岁。（私は 19 歳です。）
　→我不是十九岁。（私は 19 歳ではありません。）

Wǒ yī niánjí.
我 一 年级。（私は一年生です。）
　→我不是一年级。（私は一年生ではありません。）

文法項目②

yǒu
1. 有「…が有る／…を持っている。」

Wǒ yǒu diànnǎo.
我 有 电脑。（私はパソコンを持っている。）

méiyǒu
2. 没有「…が無い／…持っていない」

Wǒ méiyǒu diànnǎo.
我 没有 电脑。（私はパソコンを持っていない。）

練習 数字を書き取りましょう。 🔊 060

1 回目（99 まで）

(1) 　　　　　(2) 　　　　　(3) 　　　　　(4) 　　　　　(5)

2 回目（100 以上を含む）

(1) 　　　　　(2) 　　　　　(3)

(4) 　　　　　(5)

◆ 数字を使った活動

①ペアで相手の言った中国語／日本語の数字を、すばやく日本語／中国語に直しましょう。
　（1 回目：100 まで、2 回目：100 以上も含めて）

②ペアで 1 分間（先生が合図するまで）、1 から順番に数字を言っていきましょう。（一人 1 つずつ／一人 3 つずつ交互に）

③【ゲーム】4 人程度のグループで、1 から順番に、ひとり 1 つ～ 3 つまで数字を進めることが出来ます。時計回りで、30 を言った人が負けです。

30 が回ってこないように調整しましょう。

Nǐ　jīnnián　duōdà?
张: 你　今年　多大？

Wǒ　jīnnián　èrshiyī　suì.　Nǐ　ne?
林: 我　今年　二十一　岁。　你　呢？

Wǒ　èrshí　suì.　Nǐ　jǐ　niánjí?
张: 我　二十　岁。　你　几　年级？

Wǒ　sān　niánjí.
林: 我　三　年级。

```
語 彙
☆今年 jīnnián 今年
☆岁 suì ～歳
☆年级 niánjí 学年、～年生
```

1-2.　　　文型練習　（暗唱＋置き換え練習）　 062

> "了" があると、いくつに "なった" という
> ニュアンス

1．年齢を聞いたり、答えたりする。

Nǐ　jīnnián　duōdà　(le)?
A: 你　今年　多大　（了）？　　　（年配者を除く比較的若い人に）

jǐsuì
几岁　　　　　（10 歳以下の子どもに）

Wǒ　shíjiǔ　suì　(le).
B: 我　十九　岁　（了）。

qī
七

例　19 ／ 7　　①　21　　②　6　　③　32　　④　9

2. 学年を聞いたり、答えたりする。

Nǐ jǐ niánjí?
A：你 几 年级？

Wǒ èr niánjí.
B：我 ［二］年级。*

| 例 2 | ① 4 | ② 3 | ③ 1 | ④ 2 |

＊例えば、"大学二年级"（大学二年生）であることを示すために、"大二 dà èr" とも言います。

1-3. 　　**練習（A）**　　（インフォメーション・ギャップ→右側の人は p.121 を参照）　🔊 063

①まず先生と一緒に、人名の発音を確認しましょう。
②ペアの相手に聞いて、空欄を埋めましょう。

例　A：［张怡］今年多大？　　　　B：她今年［二十］岁。
　　A：她几年级？　　　　　　　　B：她［二］年级。

	Zhāng Yí 例 张 怡	Zuǒténg ① 佐藤	Yáng lǎoshī ② 杨 老师	Ānnà ③ 安娜	Xiǎo Liú ④ 小 刘
歳	20歳	（　　　）歳	（　　　）歳	19歳	6歳
年	2年	（　　　）年		1年	

1-4. 　　**タスク**　　あなたは大学で知り合った中国人留学生に誘われて、市の国際交流センターで行われる日中両国の大学生の交流会に参加することになりました。思い切って中国語で簡単な自己紹介をしてみましょう。

Dàjiā hǎo! jiào　　　　　　　　　　　　　　　　　　　　　　dàxué
大家 好！我 叫［　　　　　　　　　　］，是［　　　　　　　　　　］大学
　　　　　　 Jīnnián　　　　　 suì. Xièxie!
［　　　］年级的学生。今年［　　　］岁。谢谢！

大家：みなさん（数人に対しては "你们好！" と言います）　謝謝：ここでは「よろしくお願いします」の意味

① 4人程度のグループ内で発表（暗唱）しましょう（できなければもう一度）。
② クラスのみんなに発表しましょう。

45

林：
Nǐ yǒu　　　　ma?
你 有 LINE 吗?　（LINE やってますか？）

張：
Wǒ　méiyǒu.
我　没有。

林：
Wēixìn　ne?
微信　呢?

張：
Yǒu　a!　　Nǐ　de　Wēixìnhào　shì　duōshao?
有　啊!　你　的　微信号　是　多少?

林：
Yāo wǔ　sì　wǔ yāo líng　èr　qī.
１ ５ ４ ５ １ ０ ２ ７。

> **語 彙**
> ☆微信 Wēixìn
>   WeChat（ウィーチャット：
>   通話アプリ）
> ・啊 a 〜よ、〜ね
> ☆号 hào 番号
> ☆１ yāo 番号を伝えるときの発音

> 実際の WeChatID には、数字だけでなくアルファベット
> も使われます。また、お互いにスマートフォンが使える
> 状況であれば、QR コード等で簡単に友達追加できます。

1. 所有を確認したり、答えたりする。

A：
Nǐ yǒu diànnǎo ma?
你 有［电脑］吗?

B：
Yǒu, wǒ yǒu diànnǎo.　　　Méiyǒu, wǒ méiyǒu diànnǎo.
有，我 有［电脑］。 ／ 没有，我 没有［电脑］。

例	①	②	③
diànnǎo	bǐ	Wēixìn	bēizi
电脑	笔	微信	杯子

2．携帯番号を聞いたり、答えたりする。

Nǐ de shǒujī hào shì duōshao?

A：你 的 手机 号 是 多少？

Wǒ de shǒujī hào shì yāo líng

B：我 的 手机 号 是 [130-3210-9876]。

 例 130-3210-9876　 ① 139-7389-2107　 ② 130-1873-1281　 ③ 135-3530-2784

2-3.　練習（A）　（インフォメーション・ギャップ→左側の人は p.121 を参照）

① それぞれ中国語でなんと言うか、書かずに確認しましょう。

② 相手の所有を確認しましょう。持っている　→○
　　　　　　　　　　　　　　　　持っていない→×

例　A：你有[电脑]吗？　　　　　B：○ 有，我有[电脑]。

　　　　　　　　　　　　　　　　　　×没有，我没有[电脑]。

自分	○	×	○	×	○
相手					

2-4.　練習　（リスニング）電話番号を聞き取って、線で結びましょう。　🔊066

老刘 lǎo Liú　　　　　•　　　　•　137-0123-9876

张怡 Zhāng Yí　　　　•　　　　•　137-7245-1932

安娜 Ānnà　　　　　　•　　　　•　135-1713-8876

陈老师 Chén lǎoshī　•　　　　•　135-7173-9946

　　　　　　　　　　　　　　　　•　135-0927-9851

2-5.	練習	自分の箇所に、適当な携帯番号（中国式・全11桁）を書いたうえで、クラスメートと番号を交換しましょう。

例　A：你的手机号是多少?　　　　　B：我的手机号是 <u>137-0123-9876</u>。

例　张怡	自分
1 3 7 - 0 1 2 3 - 9 8 7 6	1 3 [　　　]-[　　　　　]-[　　　　]
友達（　　　　　　　　　　　　　　）	友達（　　　　　　　　　　　　　　）
1 3 [　　]-[　　　　　]-[　　　　]	1 3 [　　]-[　　　　　]-[　　　　]

使ってみよう（3）　🔊 067

●感謝　　　　　　　　　　　　　　●どういたしまして。

Xièxie!
谢谢！

Bú kèqi.
不 客气。

●謝罪　　　　　　　　　　　　　　●かまいません（大丈夫）。

Méi guānxi.
没 关系。

Duìbuqǐ.
对不起。

48

数字・じゃんけん（猜拳 Cāiquán）をつかった活動

1. 中国語でじゃんけんをしよう。 🔊 068

Jiǎndāo、shítou、 bù.   Shítou、jiǎndāo、bù.

剪刀、石头、布。   （または "石头、 剪刀、 布。" など）

近くの人と5回じゃんけんをして、勝ったら○、負けたら×を書きましょう（あいこの時はもう一度繰り返します）。

1	2	3	4	5

2. じゃんけん数字ゲーム（クラス全体で教室を歩き回りながら／2～3名でも可）

ルール

① 11～25の数字の中から9個選び、□の中に書きましょう。

② クラスメートとじゃんけんをして、勝った方が自分の枠の中から好きな数字を中国語で言い、その数字に○をつけます。負けた方も、その数字があれば○をつけます。全部に○がついたら勝ちです。

> 補足（クラス全体で行う場合）
> ・クラス全体で行う場合は、同じ人ではなく違う人とじゃんけんをしましょう（やってない人がいなくなれば同じ人でも可）。全部に○がついたら席に戻りましょう。
> ・じゃんけんが終わったら、"谢谢！" または "再见！" と言って分かれましょう。

（ ⚠ 相手には数字を見せないで下さい。）

同じ数字は書かないで！

第3課 年齢や学年、所有について話す

49

時間や一日の行動について話す

今天几月几号?

到達
目標

☐ 日時や曜日について質問したり、答えたりできる。
☐ いつ何をするのか、相手に質問したり、答えたりできる。

単語（事前学習①） 🔊 069

【日にち・曜日】

① 昨天 zuótiān	昨日	⑤ 月 yuè	月
② 今天 jīntiān	今日	⑥ 号 hào	日
③ 明天 míngtiān	明日	⑦ 星期〜 xīngqī	〜曜日
④ 毎天 měitiān	毎日		

yī yuè 一月 二月 …… 十二月	jǐyuè ☆几月（何月）

yī hào 一号 二号 …… 三十一号	jǐhào ☆几号（何日）

月曜日	火曜日	水曜日	木曜日	金曜日	土曜日	日曜日	何曜日
xīngqī						tiān	jǐ
星期一	星期二	星期三	星期四	星期五	星期六	星期天	星期几

【時間】

① 点 diǎn	時	⑤ 中午 zhōngwǔ	昼、正午
② 分 fēn	分	⑥ 下午 xiàwǔ	午後
③ 现在 xiànzài	今、現在	⑦ 晚上 wǎnshang	夜
④ 上午 shàngwǔ	午前		

【一日の行動】

① 起床 qǐchuáng	起きる		⑦ 下课 xiàkè	授業が終わる		
② 吃饭 chī fàn	ご飯を食べる		⑧ 看 电视 kàn diànshì	テレビを見る		
③ 吃 早饭 chī zǎofàn	朝食を食べる		⑨ 打工 dǎgōng	アルバイトをする		
④ 去（学校）qù (xuéxiào)	（学校へ）行く		⑩ 回家 huíjiā	家に帰る		
⑤ 来（学校）lái (xuéxiào)	（学校へ）来る		⑪ 睡觉 shuìjiào	寝る		
⑥ 上课 shàngkè	授業に出る、授業が始まる／ある					

 補充単語 🔊 070

【一日の行動】

① 吃 午饭 chī wǔfàn 昼食を食べる

② 吃 晚饭 chī wǎnfàn 晩ご飯を食べる

③ 看 报纸 kàn bàozhǐ 新聞を読む（2級）

④ 洗澡 xǐzǎo お風呂に入る（3級）

  文法項目（事前学習②）🔊 071

文法項目①

例

1. 日時や曜日を言うときにも "是" を省略してよい（名詞述語文）

Jīntiān liù yuè yī hào.
今天 六 月 一 号。（今日は6月1日です。）

Míngtiān xīngqī liù.
明天 星期 六。（明日は土曜日です。）

2. 主語＋動詞＋目的語
「〜は…する」（動詞述語文）
＊"不"＋動詞「〜しない」

Wǒ chī fàn.
我 吃 饭。（私はご飯を食べます。）

Wǒ bù chī fàn.
我 不 吃 饭。（私はご飯を食べません。）

文法項目②

1. 主語＋時点＋動詞＋目的語
「いつ…する」

Wǒ qī diǎn qǐ chuáng.
我 七 点 起 床。（私は七時に起きます。）

1-1. 場面（本文1） 明日の予定について 🔊 072

Míngtiān jǐ yuè jǐ hào xīngqī jǐ?
林：明天 几 月 几 号 星期 几?

Míngtiān qī yuè yī hào xīngqī liù.
张：明天 七 月 一 号 星期 六。

Nǐ lái xuéxiào ma?
林：你 来 学校 吗?

Wǒ bù lái xuéxiào. Wǒ dǎgōng.
张：我 不 来 学校。 我 打工。

1-2. 文型練習 （暗唱＋置き換え練習） 🔊 073

1. 日付をたずねたり、答えたりする。

Jīntiān jǐ yuè jǐ hào?
A：[今天] 几 月 几 号?

Jīntiān liù yuè sānshí hào.
B：[今天] [六] 月 [三十] 号。

	jīntiān 例 今天 … 6/30	zuótiān ① 昨天 … 6/29	míngtiān ② 明天 … 7/1

2. 曜日をたずねたり、答えたりする。

Jīntiān xīngqī jǐ?
A：[今天] 星期 几?

Jīntiān xīngqī yī.
B：[今天] [星期 一]。

	jīntiān xīngqī yī 例 今天 … 星期 一	zuótiān xīngqī tiān ① 昨天 … 星期 天	míngtiān xīngqī èr ② 明天 … 星期 二

実際の日付でも教科書を見ずに答えられるように、練習しましょう。

3. ～するかどうか確認する。

Nǐ dǎgōng ma?

A：你 ［打工］吗？

Wǒ dǎgōng. Wǒ bù dǎgōng.

B：我 ［打工］。 ／ 我 不 ［打工］。

dǎgōng
例 打工

kàn diànshì
① 看 电视

lái xuéxiào
② 来 学校

chī zǎofàn
③ 吃 早饭

1-3. 練習 （リスニング＋インタビュー）二人の誕生日（生日 shēngrì）を聞いてから、友達の誕生日を聞いて書きましょう。 🔊 074

shēngrì
例 **A**：你的 生日 是几月几号？　　　**B**：我的生日是［　　］月［　　］号。

美玲 Měilíng	张怡 Zhāng Yí	(　　　　　　　)	(　　　　　　　)
月　　　日	月　　　日	月　　　日	月　　　日

1-4. 練習 🔊 075

① 何をしていますか？書かずに言えるようにしましょう。

a（ 朝 ）	b	c	d

（授業に出る／授業がある）

② 友達に、明日これらの行動をするか聞いて、○（する）×（しない）を書きましょう。

例 **A**：明天 你［吃早饭］吗？　　　**B**：○ 我［吃早饭］。

　　　　　　　　　　　　　　　　　　　　× 我 不［吃早饭］。

	a	b	c	d
(　　　　　　　)				
(　　　　　　　)				

Xiànzài jǐ diǎn?
张: 现在 几 点?

Xiànzài shíyī diǎn.
林: 现在 十一 点。

Wǒmen jǐ diǎn chīfàn?
张: 我们 几点 吃饭?

Nà, wǒmen shíyī diǎn bàn chīfàn ba.
林: 那，我们 十一 点 半 吃饭 吧。

Hǎode.
张: 好的。

語彙

☆半 bàn
　半（ここでは時刻の30分のこと）
・那 nà じゃあ、それじゃあ
☆吧 ba
　〜しよう（勧誘・提案の語気）
☆好的 hǎode
　いいですよ。（同意）

2-2. 文型練習 （暗唱＋置き換え練習） 🔊 077

1. 時刻をたずねたり、答えたりする。

Xiànzài jǐ diǎn?
A： 现在 几 点?

Xiànzài bā diǎn sānshiqī fēn.
B： 现在 ［ 八 点 三十七（分*） ］。

bā diǎn sānshiqī fēn
例 八 点 三十七（分*）

shíyī diǎn líng wǔ fēn
① 十一 点 零*五分

liǎng diǎn bàn
② 两*点 半

＊11分以上は、"分"を付けなくても良い。
＊1〜9分までは、数字の前に"零 líng"を入れる。
＊2時の「2」は、"两 liǎng"にする。

２．何時に～するか確認したり、答えたりする。

Nǐ jǐ diǎn qǐchuáng?
A：你 几 点 ［起床］？

Wǒ qī diǎn bàn qǐchuáng.
B：我 ［七 点 半］［起床］。

qǐchuáng
例 起床…七点半

dǎgōng
① 打工…五点

huíjiā
② 回家…七点二十

shuìjiào
③ 睡觉…十二点

2-3. 　**練習**　次の時刻を中国語（簡体字）に直して発音してみましょう。　🔊 078

(1) 9：00 ＿＿＿＿＿＿＿＿＿＿＿ (2) 2：00 ＿＿＿＿＿＿＿＿＿＿＿

(3) 5：30 ＿＿＿＿＿＿＿＿＿＿＿ (4) 12：15 ＿＿＿＿＿＿＿＿＿＿＿

(5) 10：08 ＿＿＿＿＿＿＿＿＿＿＿ (6) 2：22 ＿＿＿＿＿＿＿＿＿＿＿

2-4. 　**練習**　🔊 079

① ペアになって、次の時刻の言い方を確認しましょう。

　例　A：（指をさして）现在几点？　　　B：现在 ［ 十 ］点 ［ 零五 ］分。（10：05）

例	①	②	③	④
				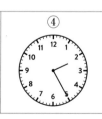

② お互いに時間を聞いて、上午 shàngwǔ (8:00-11:00) ／中午 zhōngwǔ (11:00-13:00) ／下午 xiàwǔ
(13:00-18:00) ／晚上 wǎnshang (18:00-24:00) をつけて自由に答えましょう。相手の言った時間
を書き取りましょう（3つ）。

　例　A：现在几点？　　　　　　　B：现在 ［ 下午三点 ］。

例　pm3：00 （15：00）	1 (　　　　　　　)	2 (　　　　　　　)	3 (　　　　　　　)

2-5. 練習 （インタビュー）自分の今日の予定を書いてから、友達の予定を確認しましょう。

例　A：你 几点［下课］？　　　　　B：我［五点半］［下课］。（PM5：30）

	自分	（　　　　　　　　　）	（　　　　　　　　　）
（行動）	（時間）	（時間）	（時間）
xiàkè 下课	：	：	：
huíjiā 回家	：	：	：
shuìjiào 睡觉	：	：	：

中国語では、例えば 15:00 のことを、"十五点"とは基本的に言いません。状況から午後だと分かる場合は、"三点"とだけ言えばよいのですが、"午後3時"と言いたい場合は、"下午三点"と言います。"上午""晚上"なども同様に使います。

2-6. 練習 （インタビュー）友達の行動を確認しましょう。　🔊)) 080

例　A：你［每天］［吃早饭］吗？　　B：○ 我［每天］［吃早饭］。
　　　　　　　　　　　　　　　　　　　　 ✕ 我［每天］不［吃早饭］。

行動	いつ	（　　　　　　　　　）	（　　　　　　　　　）
chī zǎofàn 吃早饭	měitiān 每天		
dǎ gōng 打工	jīntiān 今天		
	xīngqī tiān 星期天		
lái xuéxiào 来学校	xīngqī liù 星期六		

使ってみよう（4）　🔊 081

●おはようございます。

> Nǐ zǎo.
> 你 早。

●おはよう。（友達同士でよく使う。）

> Zǎo.
> 早。

●おやすみ。

> Wǎn ān.
> 晚 安。

コラム　中国の敬称

　日本だと、一つでも年齢や学年が上だと、「〜さん」「〜先輩」と敬称を使い、呼び捨ては失礼と見なされます。しかし中国では、同年代の知り合いに対して、フルネームで呼びすてにしても失礼にあたりません。もっとも、中国語にも「〜さん」に相当する言葉があります。

xiānsheng 先生　（男性へ）〜さん	Wáng xiānsheng 例　王　　先生（王さん）
xiǎojiě 小姐　（若い女性へ）〜さん	Lǐ xiǎojiě 例　李　小姐（李さん）

　これらは HSK1 級（最も簡単）レベルの単語なので、検定を受ける人は覚えておく必要があります。ただし、これらはあらたまった場面での丁寧な言い方ですので、友達や知り合いに使うと、とてもよそよそしく感じられてしまうことに注意が必要です。

　一方、学校の先生や、職場で役職のある目上の人には、その人の職名を付けて名前を呼ぶ必要があります。

Chén lǎoshī 例　陈　老师（陳先生）	Wáng zǒng 王　　总（王社長）

第5課

性質や状態、天候について話す

明天天气怎么样？

到達目標

☐ 人や物の性質や状態、またその評価をたずねたり、答えたりできる。

☐ 天気についてたずねたり、答えたりできる。

 単語（事前学習①） 🔊 082

【性質や状態（形容詞）】

① 大 dà	大きい	⑦ 高兴 gāoxìng	うれしい
② 小 xiǎo	小さい	⑧ 漂亮 piàoliang	美しい、きれい
③ 多 duō	多い	⑨ 好 hǎo	良い
④ 少 shǎo	少ない	⑩ 好看 hǎokàn	見た目がよい、きれい
⑤ 热 rè	熱い、暑い	⑪ 好吃 hǎochī	（食べて）美味しい
⑥ 冷 lěng	冷たい、寒い	⑫ 好喝 hǎohē	（飲んで）美味しい

【程度（程度副詞）】

① 很 hěn	（とても）
② 非常 fēicháng	非常に
③ 不太 bú tài	あまり〜ない
④ 太〜了 tài…le	あまりにも〜だ／〜すぎる

 補充単語 🔊 083

【評価する】

① 还可以 hái kěyǐ まあまあ	② 不错 búcuò なかなか良い（2級）

【程度】

① 真 zhēn 本当に（2級）	② 最 zuì 最も（2級）

【性質や状態】

① 快 kuài 速い（2級）		⑥ 远 yuǎn 遠い（2級）	
② 慢 màn 遅い（2級）		⑦ 近 jìn 近い（2級）	
③ 贵 guì 値段が高い（2級）		⑧ 累 lèi 疲れている（2級）	
④ 便宜 piányi 安い（2級）		⑨ 忙 máng 忙しい（2級）	
⑤ 高 gāo 高い（2級）		⑩ 可爱 kě'ài 可愛い（3級）	

  文法項目（事前学習②） 🔊 084

文法項目①

例

1. 主語＋“<u>很 hěn</u>”＋形容詞「～はどのようだ」

（形容詞述語文）

Tā hěn piàoliang.
她 很 漂亮。（彼女はきれいだ。）

> ただ単に「～はどのようだ」と言いたい場合には“很”をつけましょう。この“很”は強く読まない限り「とても」の意味はありません（程度副詞の何も付いていない形容詞の文は、「比較・対照」のニュアンスが含まれます）。

2. どのくらい～かを表すには、“<u>非常</u>”“<u>太</u>～<u>了</u>”などの程度副詞をつけます。

Tā fēicháng piàoliang.
她 非常 漂亮。（彼女は非常にきれいだ。）

Tā tài piàoliang le.
她 太 漂亮 了。（彼女はきれいすぎる。）

文法項目②

1.
zhège nàge nǎge
这个、那个、哪个

この～、その～、あの～、どの～と言ったり、目的語になるときに使います。（よく zhèige nèige něige と発音します）

Zhège bēizi hěn piàoliang.
这个 杯子 很 漂亮。（このコップは美しい。）

Wǒ xǐhuan nàge.
我 喜欢 那个。（私はあれが好きだ。）（目的語）

（喜欢：好き→第6課）

> “个”は、数を数えるときの単位、「個」を意味します。

文法項目③

1.
zěnmeyàng
～怎么样「～はどうですか」

Wǒ de yīfu zěnmeyàng?
我 的 衣服 怎么样？（私の服はどうですか。）

　場面（本文1）　ショッピングにて　🔊 085

林： Zhèige yīfu hǎokàn ma?
这个 衣服 好看 吗?

张： Hái kěyǐ.
还 可以。

林： Něige hǎokàn?
哪个 好看?

张： Wǒ xǐhuan nèige.　Nèige tài piàoliang le!
我 喜欢 那个。 那个 太 漂亮 了!

語彙

☆这个 zhège(zhèige) これ、この
☆衣服 yīfu 服
　（服は本来"件 jiàn"を使って
　数えます。よって、正式には
　"这件"と言います。）
☆哪个 nǎge(něige) どれ、どの
☆喜欢 xǐhuan 好き
☆那个 nàge(nèige) それ、その、
　あれ、あの

1-2.　文型練習　(暗唱＋置き換え練習)　🔊 086

1. 性質や状態についてたずねたり、答えたりする。

A: Zhèige píngguǒ hǎochī ma?
［这个 苹果］［好吃］吗?

B: Zhèige píngguǒ hěn hǎochī.　Zhèige píngguǒ bù hǎochī.
［这个 苹果］很［好吃］。/［这个 苹果］不［好吃］。

例 Zhèige píngguǒ hǎochī
这个 苹果 … 好吃

① Nǐ (wǒ) gāoxìng
你（我）… 高兴*

*"不高兴"は、うれしくない、
機嫌が悪い

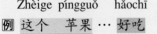

② Jīntiān rè
今天 … 热

③ Zhèige yīfu hǎokàn
这个 衣服 … 好看

④ Zhèige chá hǎohē
这个 茶 … 好喝

(お茶　第9課単語)

2. どれくらい〜かを言う。

　　　　Tā de　yīfu piàoliang ma?　　　　　　　　Tā de　yīfu　fēicháng piàoliang.
　A：她 的 衣服 漂亮 吗?　　　　　　B：她 的 衣服［非常］漂亮。

	fēicháng		bú tài		tài　le
例	非常	①	不太	②	太…了

→1（前のページ）の文に、これらの程度副詞を加えて言ってみましょう。

1-3.　**練習**　右の絵を見て、ふさわしい語を書き入れて読みましょう。

　　　Wǒmen de　Yīngyǔ lǎoshī hěn
1. 我们 的 英语 老师 很 （　　　　　　　）。

　　　Tā　de　Hànyǔ
2. 他 的 汉语 （　　　　　　　）。

たーしー　うーで　ぺんゆう
(Tā shì wǒ de péngyou.)

　　　Tā jīntiān　bù
3. 她 今天 不 （　　　　　　　）。

（機嫌が悪い）

　　　Wǒmen xuéxiào yǒu hěn　　　　　　liúxuéshēng.
4. 我们 学校 有 很 （　　　　）留学生。

（300人）

　　　Zhōngguó cài　fēicháng
5. 中国 菜＊非常 （　　　　　　　）。

＊菜（料理）

　　　　　　　　　　　rén shì shéi?
6. A：（　　　　　　　）人 是 谁?

　　　Tā　shì wǒmen de　Yīngyǔ lǎoshī.
　B：她 是 我们 的 英语 老师。

1-4. 練習 （インタビュー）それぞれクラスメートにインタビューしましょう。程度をつけて答えましょう。

例 A：[今天][热]吗? B：◎ [今天][非常][热]。

	fēicháng tài le	hěn	bútài	bù
評価基準：	◎ 非常 / 太〜了	○ 很	△ 不太	× 不

	Jīntiān rè 今天 … 热	Zuótiān wǎnshang rè 昨天 晚上 … 热	Shítáng de cài hǎochī 食堂 的菜 … 好吃
（　　　　　　　）			
（　　　　　　　）			

1-5. 練習 ◀)) 087

① どの形容詞で表現できるか友だちと相談して考えましょう。

② (リスニング) CDを聞いて、A〜Hのどの絵のことを言っているか当てましょう。

例 （今天太热了。）　　E

1 ____　2 ____　3 ____　4 ____　5 ____　6 ____　7 ____

A	B	C	D

E	F	G	H

音声には、習っていない表現が含まれていますので、すべてを聞き取る必要はありません。大事なところだけをしっかり聞き取りましょう。

場面（本文２） 天気予報を確認しながら 🔊 088

张: Wǒ zuìjìn shēntǐ bútài hǎo. Tiānqì tài rè le.
　　我 最近 身体 不太 好。 天气 太 热 了。

林: Nǐ duō hē shuǐ ba.
　　你 多 喝 水 吧。

张: Hǎode, xièxie. Míngtiān tiānqì zěnmeyàng?
　　好的, 谢谢。 明天 天气 怎么 样?

林: Míngtiān bú rè.
　　明天 不 热。

张: Tài hǎo le! Xià yǔ ma?
　　太 好 了! 下 雨 吗?

林: Bú xià yǔ.
　　不 下 雨。

語彙

☆最近 zuìjìn 最近
・身体 shēntǐ 体（体調）
☆天気 tiānqì 天気

☆多 duō 多く、たくさん
☆喝 hē 飲む
☆吧 ba
　（提案や軽い命令の語気。）〜
　したらどうですか。〜してく
　ださい。〜しましょう。
☆好的 hǎo de
　（提案に同意して）わかりま
　した。いいですよ。

☆太好了！「それはよかった！」
☆下雨 xià yǔ 雨が降る

2-2. **文型練習** （暗唱＋置き換え練習） 🔊 089

1. どうであるか聞いたり、自分の評価・状況を答えたりする。

A: ［ 明天 天气 ］怎么 样? B: ［ 很 好 ］。
　　Míngtiān tiānqì zěnmeyàng?　　Hěn hǎo.

Míngtiān tiānqì　Hěn hǎo
例 明天 天气 … 很 好

Zuìjìn　Hái kěyǐ
① 最近 … 还 可以

Nǐ shēntǐ　Bútài hǎo
② 你 身体 … 不太 好

（体調）

我会说中文！
Tā de Hànyǔ　Fēicháng hǎo
③ 她 的 汉语 … 非常 好

2-3. 練習（A）　（インフォメーション・ギャップ→右側の人は p.122 を参照）

A（上海）と B（北京）に分かれて、お互いの天気を聞き、書きましょう。

例　A：［昨天］［北京］的天气怎么样？　　B：（　　　　　　　　　　）

	Zuótiān 昨天	Jīntiān 今天	Míngtiān 明天
Běijīng 北京			
Shànghǎi 上海	Tài rè le. 太 热 了。	Hěn hǎo.　Bú xià yǔ. 很 好。不 下 雨。	Bútài hǎo.　Xià yǔ. 不太 好。　下 雨。

2-4. 練習　（リスニング＋インタビュー）まず、美玲さんについて聞いて、評価基準を見てマークを書き入れましょう。その後友達にインタビューしましょう。

🔊 090

例　A：你 的 ［汉语成绩］怎么样？　　B：［还可以］。→○

◇評価基準

| Fēicháng hǎo
☆ 非常 好 | Hěn hǎo
◎ 很 好 | Hái kěyǐ
○ 还可以 | Bútài hǎo
△ 不太 好 | Bù hǎo
× 不 好 |

	美玲	（　　　　　）	（　　　　　）
Hànyǔ　chéngjì 汉语　成绩* （まだなら、予想しよう）			
Yīngyǔ chéngjì 英语　成绩			
xuéxiào 学校			
zuìjìn 最近（"你的"は不要）			

2-5. **練習** 例にならって友達と会話しましょう。

例　A：这个苹果怎么样?　　　　　　　　B：很好吃。

| 例 | ① | ② | ③ | ④ |

茶 chá

総合練習 空欄を埋めて、左右の会話文を完成させましょう。

・今天热吗?	
・　　　　　　　　吗?	jiǎozi 中国 的 饺子* 很 好吃。　　　　(*餃子)
・明天天气怎么样?	
・	明天不下雨。

使ってみよう（5） 🔊 091

●お会いできてうれしいです。

Hěn gāoxìng rènshi nǐ.
很 高兴 认识 你。

Wǒ yě hěn gāoxìng.
我 也 很 高兴。

*认识 rènshi（見知っている、知り合っている、面識がある）

第5課　性質や状態、天候について話す

65

第6課　趣味や好み、できることについて話す

你的爱好是什么？

到達目標

☐ 趣味や好みについてたずねたり、答えたりできる。
☐ できるかどうかたずねたり、答えたりできる。

 単語（事前学習①）　🔊 092

【趣味とスポーツ】

① 唱歌 chànggē	歌を歌う
② 听音乐 tīng yīnyuè	音楽を聴く
③ 看（读）书 kàn(dú)shū	読書をする
④ 看电视 kàn diànshì	テレビを見る
⑤ 看电影 kàn diànyǐng	映画を見る
⑥ 聊天 liáotiān	おしゃべり
⑦ 做饭 zuòfàn /做菜 zuòcài	料理する
⑧ 运动 yùndòng	運動、スポーツ
⑨ 游泳 yóuyǒng	水泳をする
⑩ 旅游 lǚyóu /旅行 lǚxíng	旅行する

【好き・好きな動物】

① 喜欢 xǐhuan	好き
② 爱 ài	好む、愛する
③ 猫 māo	猫
④ 狗 gǒu	犬

【能力・技能】

① 开车 kāichē	車を運転する
② 说中文 shuō Zhōngwén	中国語を話す
③ 说话 shuōhuà	話をする

 補充単語　🔊 093

自分の趣味を覚えて言えるようにしましょう。
このなかに無ければ調べましょう。

【スポーツ】

① 打篮球 dǎ lánqiú バスケットボールをする（2級）	
② 打排球 dǎ páiqiú バレーボールをする	⑤ 打棒球 dǎ bàngqiú 野球をする
③ 打乒乓球 dǎ pīngpāngqiú 卓球をする	⑥ 踢足球 tī zúqiú サッカーをする（2級）
④ 打网球 dǎ wǎngqiú テニスをする	⑦ 跳舞 tiàowǔ ダンスをする（2級）

【音楽関係】

⑧ 弹 钢琴 tán gāngqín ピアノを弾く
⑨ 唱 KTV chàng KTV カラオケをする

【見る／読む／鑑賞（観戦）する】

⑩ 看 动漫 kàn dòngmàn アニメを見る
⑪ 看 漫画 kàn mànhuà 漫画を読む
⑫ 看 杂志 kàn zázhì 雑誌を読む

⑬ 看〈棒球 / 足球〉比赛
　kàn bàngqiú（zúqiú）bǐsài
　（野球／サッカー観戦）（比赛：試合）

【アウトドア】

⑭ 跑步 pǎobù ジョギング（2級）
⑮ 逛街 guàngjiē
　街をぶらつく、ウインドウショッピングをする

⑯ 散步 sànbù 散歩
⑰ 骑 摩托车 qí mótuōchē バイクに乗る
⑱ 摄影 shèyǐng 写真撮影

文法項目（事前学習②）　🔊 094

文法項目①

1. xǐhuan
　喜欢「好き」

Wǒ xǐhuan māo.
我 喜欢 猫。（私は猫が好き。）

Wǒ xǐhuan tīng yīnyuè.
我 喜欢 听 音乐。（私は音楽を聴くのが好き。）

文法項目②

1. huì
　会「（習得して）～できる」

Wǒ huì kāichē.
我 会 开车。（私は運転できる。）

Wǒ huì shuō Zhōngwén.
我 会 说 中文。（私は中国語が話せる。）

2. néng
　能「（能力的・条件的に）～できる」

Wǒ néng qù xuéxiào.
我 能 去 学校。（私は学校にいくことができる。）

Wǒ jīntiān bùnéng kāichē.
我 今天 不能 开车。（私は今日運転できない。）

“我不会开车”は、“運転技術を習得していない”“免許を取得していない”などの意味での、「運転できない」を意味します。それに対して“今日は運転免許を忘れた”“お酒を飲んだ”“体の調子が良くない”など条件的・能力的にできない場合には、“我不能开车”と言います。

1-1. 場面（本文1）　趣味について 🔊 095

Nǐ de àihào shì shénme?
张：你 的 爱好 是 什么？

Wǒ de àihào shì tīng yīnyuè hé chànggē.
林：我 的 爱好 是 听 音乐 和 唱歌。

Nǐ yǒu shénme àihào?
你 有 什么 爱好？

Wǒ xǐhuan dǎ lánqiú, yóuyǒng hé tiàowǔ.
张：我 喜欢 打 篮球、游泳 和 跳舞。

Wǒ hěn ài yùndòng!
我 很 爱 运动！

語彙

☆爱好 àihào 趣味、好み
☆和 hé ～と
☆什么＋名詞
　　なんの～、どんな～
・、（並列）

1-2. 文型練習　（暗唱＋置き換え練習） 🔊 096

1. 趣味について話す。

Nǐ de àihào shì shénme?
A：你 的 爱好 是 什么？

kàn diànyǐng
B：我 的 爱好 是 ［看 电影］。

kàn diànyǐng	tīng yīnyuè	kànshū	chànggē	yóuyǒng
例 看 电影	① 听 音乐	② 看书	③ 唱歌	④ 游泳

68

2. 何（何をするの）が好きか聞いたり答えたりする。

Nǐ xǐhuan yùndòng ma?

A： 你 喜欢 [运动] 吗?

B： 我 喜欢 [运动]。 / 我 不 喜欢 [运动]。

例 yùndòng 运动	① chànggē 唱歌	② lǚyóu 旅游	③ māo 猫	④ gǒu 狗

1-3. **練習**

① それぞれ何をしていますか。書かずに確認しましょう。

② 写真を見て会話しましょう（数字を言うか、指をさして相手に聞きましょう。二種類の表現をどちらも使いましょう）。

例 　A：你的爱好是什么? 　……　B：我的爱好是 [　　　]。

　　A：你有什么爱好? 　……　B：我喜欢 [　　　]。

1-4. 練習

クラスメートに、a～fについて好きかどうか聞いて、書き入れましょう（fの内容は自分で考えましょう）。

	gǒu	māo	chànggē	yóuyǒng	xué Yīngyǔ	
a.	狗	b. 猫	c. 唱歌	d. 游泳	e. 学英语	f.（　　　　　　）

例　A：你喜欢［狗］吗？　　　　　　　B：我喜欢［狗］。／我不喜欢［狗］。

クラスメート	喜欢	不喜欢
（　　　　　　　　）		
（　　　　　　　　）		

1-5. 練習　🔊 097

① 日本語と中国語を線で結びましょう。
② (リスニング) CD を聞いて、3人の好みを a～i の中から選びましょう。

	好き	嫌い	日语	中文
Lǐ Yáng 李 洋			a 歌を歌う　● b 料理　● c 音楽鑑賞　●	● 做菜　　zuòcài ● 听音乐　tīng yīnyuè ● 说话　　shuōhuà
Xiǎo Ài 小 爱 (愛ちゃん)			d 映画鑑賞　● e 読書　● f 卓球　●	● 看书　　kànshū ● 看电影　kàn diànyǐng ● 唱歌　　chànggē
Lǎo Wáng 老 王 (王さん)			g 話しをする　● h おしゃべり　● i スポーツ　●	● 聊天　　liáotiān ● 运动　　yùndòng ● 打乒乓球　dǎ pīngpāngqiú

70

2-1. 場面（本文２）　カラオケへの誘い 🔊 098

Nǐ huì chànggē ma?

林：你 会 唱歌 吗?

Wǒ huì chànggē.

张：我 会 唱歌。

Jīntiān wǎnshang wǒmen qù chàng ba.

林：今天 晚上 我们 去 唱 KTV 吧。

Hǎo a. Rìběn de néng chàng Zhōngwén gē ma?

张：好 啊。 日本 的 KTV 能 唱 中文 歌 吗?

Néng chàng.

林：能 唱。

> ### 語彙
> ☆去＋動詞
> 〜しに行く（「行って〜する」の意味。このように動作が行われる順に動詞を並べる文を「連動文」と言います）

2-2. 文型練習 （暗唱＋置き換え練習）🔊 099

1. （習得して）〜できるかどうか聞いたり、答えたりする。

Nǐ huì shuō Zhōngwén ma?

A：你 会 [说 中文] 吗?

Wǒ huì shuō Zhōngwén. búhuì

B：我 会 [说 中文]。 / 我 不会 [说中文]。

shuō Zhōngwén	yóuyǒng	kāichē	zuòfàn
例 说 中文	① 游泳	② 开车	③ 做饭

2. （能力的、あるいは条件的に）〜できるかどうか聞いたり、答えたりする。

Nǐ néng qù xuéxiào ma?

A：你 能 [去 学校] 吗?

Wǒ néng qù xuéxiào. bùnéng

B：我 能 [去 学校]。 / 我 不能 [去学校]。

qù xuéxiào
例 去 学校

chī shēngyúpiàn
① 吃 生鱼片*

kāichē
② 开车

shuōhuà
③ 说话

*刺身

2-3. 練習 🔊 100

① それぞれ何をしていますか。確認しましょう。

② CD を聞いて、3人の（習得して）できることと、できないことを書きましょう。

 a．写汉字 xiě Hànzì	 b．	 c．
我非常喜欢熊猫！ 我好想去四川。 d．	 e．	 f．

	安娜 Ānnà	张怡 ZhāngYí	美玲 Měilíng
会	a（漢字を書く）		
不会			

2-4.　練習　🔊 101

① それぞれの「できる」について、"会""能"のふさわしい方に○を付けて、疑問文を作ってみましょう。

② ペアの相手に聞いて、できる○、できない×を書きましょう。

例　A：你<u>会</u>[唱歌]吗?　　　　　　B：○我会[唱歌]。　　×我不会[唱歌]。

	chànggē 唱歌	yóuyǒng 游泳	kàn diànshì 看 电视	zuò Zhōngguócài 做　中国菜*2	chī xiāngcài 吃　香菜*3
名前	ⓐ会 / 能	会 / 能	会 / 能	会 / 能	会 / 能
（　　　　）					
（　　　　）					

你的手机*1

*1　<u>你</u>を<u>你的手机</u>に置き換えて聞く。　*2　做（作る）　中国菜（中華料理）　*3　香菜（コリアンダー／パクチー）

2-5.　練習　クラスメートに、できるかどうか聞いて書き入れましょう。（1 つは自分で聞く内容を考えましょう）🔊 102

shuō Yīngyǔ

例　A：你 会 [说 英语] 吗?　　　　　B：○我 会 [说 英语]。

　　　　　　　　　　　　　　　　　　　×我 不 会 [说 英语]。

名前 項目	（　　　　　　　　）	（　　　　　　　　）
・说英语		
・做菜		
・开车		
dú zhèige Hànzì ・读 这个 汉字　　鮨*		
・		

*日本語で何と読む？

73

インタビュー

① 相手の好み（好きな色、飲み物、食べ物）を確かめるための表現を学びましょう。⚠ まだ相手には聞かないで下さい。 🔊)) 103

◆ 色（颜色 yánsè）

yánsè　　　　　　　　　　　　　　　　　　　hóngsè
例　A：你喜欢什么颜色?　　　　　　　　　B：我喜欢［红色］。

hóngsè 红色 (赤)	lǜsè 绿色 (緑)	lánsè 蓝色 (青)	huángsè 黄色 (黄)	fěnhóngsè 粉红色 (ピンク)	báisè 白色 (白)	hēisè 黑色 (黒)

◆ 飲み物（饮料 yǐnliào）

hē　　yǐnliào　　　　　　　　　　　　chá
例　A：你喜欢喝什么（饮料）?　　　　　B：我喜欢喝［茶］。

chá 茶	niúnǎi 牛奶	kělè 可乐	guǒzhī 果汁	kāfēi 咖啡	píjiǔ 啤酒

◆ 食べ物（菜 cài）

chī　　cài　　　　　　　　　　　　　　Zhōngguó cài
例　A：你喜欢吃什么菜?　　　　　　　　B：我喜欢吃［中国菜］。

Zhōngguó cài 中国菜 (中華)	Rìběn cài 日本菜 (和食)	Yìdàlì cài 意大利菜 (イタリアン)	Hánguó cài 韩国菜 (韓国料理)

② 先生と友だちの好みを予想して書きましょう。聞いてみて当たっていたら○、違っていたら（ ）に正解を書きましょう。

先生／友だち	颜色	饮料	菜	正解率
老师	予想 正解（　　　）	予想 （　　　）	予想 （　　　）	／3
（　　　）	予想 （　　　）	予想 （　　　）	予想 （　　　）	／3
（　　　）	予想 （　　　）	予想 （　　　）	予想 （　　　）	／3

タスク クラスメートに自分が実は好きなもの／こと／有名人や、苦手なもの／ことを紹介しよう（教科書に載っていないものは調べましょう）。

例 我喜欢［熊本熊］。 （Xióngběn xióng） 我不喜欢［吃 猪肉］。 （zhūròu）

名前	好き	嫌い
自分		
（　　　　　　）		
（　　　　　　）		

使ってみよう（6）　🔊 104

●好きです！

> Wǒ xǐhuan nǐ!
> 我 喜欢 你！

> いきなり"我爱你!"と言うのは
> やめましょう。（かなり重い）

75

第7課　住んでいる場所や家族について話す

你家有几口人？

到達目標

□ 住んでいる場所や仕事についてたずねたり、答えたりできる。
□ 家族や身近な人物を紹介できる。
□ 人や物の数をたずねたり、答えたりできる。

 単語（事前学習①） 🔊 105

【家族・人間関係】

① 爸爸 bàba　父	⑤ 弟弟 dìdi　弟	⑨ 儿子 érzi　息子
② 妈妈 māma　母	⑥ 妹妹 mèimei　妹	⑩ 丈夫 zhàngfu　夫
③ 哥哥 gēge　兄	⑦ 孩子 háizi　子供	⑪ 妻子 qīzi　妻
④ 姐姐 jiějie　姉	⑧ 女儿 nǚ'ér　娘	

【職業／身分】

① 医生 yīshēng　　　　医者
② 大学生 dàxuéshēng　大学生

 補充単語 🔊 106

自分が使いそうな単語をチェック
しておきましょう。

【家族・人間関係】

① 爷爷 yéye 父方の祖父（3級）	⑤ 兄弟姐妹 xiōngdì jiěmèi 兄弟姉妹
② 奶奶 nǎinai 父方の祖母（3級）	⑥ 男朋友 nán péngyou 彼氏
③ 姥爷 lǎoye 母方の祖父	⑦ 女朋友 nǚ péngyou 彼女
④ 姥姥 lǎolao 母方の祖母	

【職業／身分】

① 公司 职员　gōngsī zhíyuán　会社員

② 公务员　gōngwùyuán　公務員

③ 总经理　zǒng jīnglǐ　社長

④ 售货员　shòuhuòyuán　販売員

⑤ 护士　hùshi　看護師

⑥ 家庭 主妇　jiātíng zhǔfù　主婦

⑦ 农民　nóngmín　農家

⑧ 工程师　gōngchéngshī　エンジニア

⑨ 高中生　gāozhōngshēng　高校生

⑩ 初中生　chūzhōngshēng　中学生

⑪ 小学生　xiǎoxuéshēng　小学生

 タスク（事前学習②）

●自分の住んでいる場所（市町村や地区の名称）の、中国語表記と発音を調べて書きましょう。

_____　（⚠ クラスメートに聞かれたときに答える地名）

→ "御茶之水" "横浜" "名古屋" など

文法項目（事前学習③）　🔊 107

例

文法項目①

1. 量詞（物を数える単位）

ge "个"（人や物一般）	sān ge rén 三 个 人（三人の人）	liǎng ge píngguǒ 两 个 苹果（二つのリンゴ）

> 量詞の前の二は、"两"

kǒu "口"（家族）	wǔ kǒu rén 五 口 人（五人家族）	

běn "本"（本や雑誌）	sān běn shū 三 本 书（三冊の本）	zhè běn shū 这 本 书（この本）

zhī "只"（動物）	yì zhī gǒu 一 只 狗（一匹の犬）	liǎng zhī māo 两 只 猫（二匹の猫）

＊疑問文では、数字のところに "几"（jǐ）（10以下の数を予想する場合）や "多少"（duōshao）を入れる。

例 几个苹果　几口人　几本书　/　多少（个）苹果　多少（个）人　多少（本）书

（"多少" の場合には、量詞を省略可）

77 課 住んでいる場所や家族について話す

場面（本文1）　住んでいる場所や家族について 🔊108

张: Nǐ zhùzài nǎr?
你 住在 哪儿?

林: Wǒ zhùzài Dōngjīng.
我 住在 东京。

张: Nǐ jiā yǒu jǐ kǒu rén?
你 家 有 几 口 人?

林: Wǒ jiā yǒu liù kǒu rén. Bàba、 māma、
我 家 有 六 口 人。 爸爸、 妈妈、

liǎngge jiějie、 yíge dìdi hé wǒ.
两个 姐姐、 一个 弟弟 和 我。

語 彙

☆住在 zhùzài 〜に住んでいる
☆哪儿 nǎr どこ

☆家 jiā 家、家族
☆口 kǒu
　家族の人数を数える単位
☆个 ge
　人や物一般を数える単位（最もよく使われる）

1-2.　文型練習　（暗唱＋置き換え練習）🔊109

1. 住んでいる場所について話す。

A: Nǐ zhùzài nǎr?
你 住在 哪儿?

B: Wǒ zhùzài Dōngjīng.
我 住在 [东京]。

例		①		②		③	
Dōngjīng	东京	Dàbǎn	大阪	Mínggǔwū	名古屋	Fúgāng	福冈

2. 人や物の数を聞いたり、答えたりする。

A: Nǐjiā yǒu jǐ kǒu rén?
[你家] 有 几 [口 人]?

B: Wǒjiā yǒu sān kǒu rén.
[我家] 有 [三][口 人]。

例	jiā kǒurén	①	liǎng ge háizi	②	běn Hànyǔshū
例	你（我）家…三 口 人	① 她…两 个 孩子	② 你（我）…五 本 汉语书		

③	他家 … 五 口 人	④ Zhènglǎoshī jiějie 郑老师…三 个 姐姐	⑤ Yīngyǔ shū 她…一 本 英语书

（郑先生）

78

| 1-3. | 練習 | クラスメートに今住んでいる場所を教えてもらい、書きましょう。 |

名前			
ピンイン 地名（中文）			

| 1-4. | 練習 | 写真を見て（　）を埋めて、発音しましょう。 |

①我

②我

③我　　　　　　（妹）

① 我家有（　　　）口人。爸爸、妈妈、（　　　　　　）、（　　　）个（　　　　　　）和我。

② 我家有（　　　　　　　　　）。丈夫、两个（　　　　　）、一个（　　　　）和我。

③ （　　　）

| 1-5. | 練習 | 次の絵のどれかを（相手に分からないように）選び、家族を紹介しましょう。聞く人は相手がどの家族の人なのかを当てましょう。 |

⚠ 矢印（→）のある人の視点で表現しましょう。

住んでいる場所や家族について話す

第7課

Wǒ jiā yǒu yì zhī gǒu. Nǐ kàn, kě'ài ba.
張: 我 家 有 一 只 狗。 你 看, 可爱 吧。

Hěn kě'ài! Zhè shì nǐ de gēgē hé mèimei ma?
林: 很 可爱！ …这 是 你 的 哥哥 和 妹妹 吗？

Zhè shì wǒ gēge.
張: 这 是 我 哥哥。

Zhè shì wǒ gēge de nǚ péngyou.
这 是 我 哥哥 的 女朋友。

Nǐ gēge hěn shuài! Tā zuò shénme gōngzuò?
林: 你 哥哥 很 帅！ 他 做 什么 工作？

Tā shì yīshēng.
張: 他 是 医生。

語彙

☆看 kàn 見る
　（"你看" で、「見て」）
・可爱 kě'ài かわいい
☆吧 ba ～でしょう。

・帅 shuài かっこいい、イケメン
☆做 zuò する
☆工作 gōngzuò 仕事

2-2. 文型練習 （暗唱＋置き換え練習） 🔊 111

1. 何の仕事をしているかたずねたり、答えたりする。

Nǐ gēge zuò shénme gōngzuò?
A: 你 ［哥哥］做 什么 工作？

Tā shì yīshēng.
B: 他 是 ［医生］。

	gēge	yīshēng		bàba	gōngwùyuán		māma	lǎoshī
例	哥哥	…… 医生	①	爸爸	… 公务员	②	妈妈	… 老师

	gēge de nǚ péngyou	hùshi		jiějie de nán péngyou	dàxuéshēng
③	哥哥的 女朋友	… 护士	④	姐姐的 男朋友	… 大学生

総合練習　（リスニング）ある日本人女性の自己紹介を聞いて、分かったことを書き入れ、誰だか予想しましょう。　🔊112

出身		家族構成	（　　　人）
年齢			
身分			
趣味	・逛街 guàngjiē ・ ・	夫（丈夫 zhàngfu）の仕事	

この人の名前（日本語）：＿＿＿＿＿＿＿＿＿＿＿＿＿＿＿＿

（ヒント）　　　　　　　　　　　　　　　　　　　　　　　　　　　（＊笑い声）

> 我家有一只猫。

> 剪刀石头布！呵呵呵 hē hē hē ＊…

使ってみよう（7）　🔊113

●なぜ？

> Wèi shénme?
> 为 什么？

●行こう。

> Zǒu ba.
> 走 吧。

●ちょっと待って。

> Děng yíxià.
> 等 一下。

＊"一下" は「ちょっと〜する」

パフォーマンス課題①　家族を紹介しよう

テーマ　夏休み中、あなたの家庭（現在または未来）に、中国の高校生がホームステイにやってくることになりました。彼女（or 彼）に、どんな家庭なのか前もって教えてあげましょう。

⚠ 注意　未来の家庭を想像して書く場合は、家族構成のほか、年齢や身分、特技など、いろいろ想像して詳しく書きましょう。

表現例：・我家有～口人。　　　・我爸爸是（　　　　）。　　・我弟弟是高中生。
　　　　・我有一个哥哥。　　　・他今年～岁。
　　　　・我姐姐和妹妹喜欢～。　・她会～　　　　　　　・他很～　　など

□現在の家族／□未来の家族（＿＿＿＿年後）

＊兄弟姉妹が多い場合の呼び方。
大姐（一番上の姉）　二姐（二番目の姉）＝二妹（上の妹）　三妹（その下の妹）
大哥（一番上の兄）　二哥（二番目の兄）＝二弟（上の弟）　三弟（その下の弟）

・パートナーの話を聞いて、分かったことを簡単にメモしましょう。また、自分の家族紹介にも使えそうな良い表現があれば、書いておきましょう。

重要 ⚠ 教科書は見せずに、相手が理解できているか確認しながら、ゆっくりと話しましょう。

相手の名前（　　　　　　　　　　　　　　　　　　　　　　　）
分かったこと（キーワードのみをメモしましょう）
使えそうな表現

① どうすればよりよい文になるか、相手と一緒に考えて、書き直しましょう。

② 紙または電子媒体で提出しましょう。

場所や存在について話す

你在哪儿？

到達
目標

□ 場所や存在についてたずねたり、答えたりできる。

単語（事前学習①） 🔊 114

【場所（指示代名詞）】

① 这儿 zhèr / 这里 zhèli　　ここ

② 那儿 nàr / 那里 nàli　　そこ、あそこ

③ 哪儿 nǎr / 哪里 nǎli　　どこ

【場所・建物】

① 商店 shāngdiàn	店	⑤ 火车站 huǒchēzhàn	鉄道の駅
② 医院 yīyuàn	病院	⑥ 饭店 fàndiàn	ホテル、レストラン
③ 饭馆 fànguǎn	レストラン	⑦ 洗手间 xǐshǒujiān	トイレ、お手洗い
④ 车站 chēzhàn	駅、バスターミナル	⑧ 书店 shūdiàn	本屋

【方向・位置】

① 前面 qiánmiàn	前	⑤ –里 li / 里面 lǐmiàn	〜のなか
② 后面 hòumiàn	後ろ	⑥ –上 shang / 上面 shàngmiàn	〜の上
③ 旁边 pángbiān	傍ら、となり	⑦ –下 xia / 下面 xiàmiàn	〜の下
④ 附近 fùjìn	付近、近く		

＊ –里、–上、–下は、名詞の後に付けて、名詞を場所化します。

例 桌子上、椅子下

補充単語 🔊 115

自分がよく行く場所をチェックしておきましょう。

【場所・建物】

① 超市 chāoshì スーパー（3級）

② 银行 yínháng 銀行（3級）

③ 便利店 biànlìdiàn コンビニ

④ 电影院 diànyǐngyuàn 映画館

⑤ 图书馆 túshūguǎn 図書館（3級）

⑥ 教室 jiàoshì 教室（2級）

⑦ 邮局 yóujú 郵便局

⑧ 食堂 shítáng 食堂

⑨ 机场 jīchǎng 空港（2級）

⑩ 厕所 cèsuǒ トイレ、便所

⑪ 百货商店 bǎihuò shāngdiàn デパート

⑫ 咖啡店 kāfēidiàn コーヒー店／喫茶店

【方向・位置】

① 右边 yòubian 右（2級）

② 左边 zuǒbian 左（2級）

③ 前边 qiánbian 前≒前面

④ 后边 hòubian 後ろ≒后面

文法項目（事前学習②） 🔊 116

例

文法項目①

《その人や物が、 どの場所 にいる／あるのか説明する》

1. 人・物＋"在"＋ 場所 「…は～にいる／ある」

特定の人・物

＊否定は"不在"

Tā zài xuéxiào.
他 在 学校 。（彼は学校にいる。）

Yīyuàn zài chēzhàn qiánmiàn.
医院 在 车站 前面 。
（病院は駅の前にある。）

文法項目②

《その場所 に、何があるか／誰がいるかを説明する》

1. 場所 ＋"有"＋人・物 「～には…がいる／ある」

不特定の人・物

＊否定は"没有"

Shāngdiàn li yǒu hěnduō rén.
商店 里 有 很多 人。
（店の中にはたくさんの人がいる。）

Chēzhàn qiánmiàn yǒu yíge yīyuàn.
车站 前面 有 一个 医院。
（駅の前には病院がある。）

"在""有"の用法は、文法構造が逆になることに注意しましょう。

1-1. 場面（本文1）　学校で会う約束の張さんから電話がかかってきました。  117

Wéi, Měilíng.　Nǐ zài xuéxiào ma?
张：喂，美玲。　你 在 学校 吗？

Wǒ zài xuéxiào.　Nǐ zài nǎr?
林：我 在 学校。　你 在 哪儿？

Wǒ zài túshūguǎn qiánmiàn.
张：我 在 图书馆 前面。

語彙

☆喂 wéi もしもし
☆在 zài 〜にある／いる。

1-2. 文型練習　（暗唱＋置き換え練習） 118

1. そこにいるかどうかたずねたり、答えたりする。

Nǐ zài xuéxiào ma?
A：你 在 [学校] 吗？

búzài
B：我 在 [学校]。／我 不在 [学校]。

xuéxiào	jiā	chēzhàn	yīyuàn
例 学校	① 家	② 车站	③ 医院

2. その人や物が、どの場所にいる／あるのか説明する。

Xiǎogǒu zài nǎr?
A：[小狗] 在 哪儿?

zhèr
B：[小狗] 在 [这儿]。

Xiǎogǒu zhèr
例 小狗…这儿

Xiǎomāo nàr
① 小猫…那儿

shǒujī zhuōzi shang
② 你(我)的手机…桌子 上

shū li
③ 他的书　　…桌子 里

diànnǎo yǐzi xia
④ 你(我)的电脑…椅子 下

xuéxiào qiánmiàn
⑤ 你(我)们学校…车站(的)前面

jiā hòumiàn
⑥ 你(我)家　　…医院(的)后面

Yīyuàn pángbiān
⑦ 医院　　…车站(的)旁边

1-3.　練習　絵を見て空欄を埋め、左右の会話文を完成させましょう。

电脑在哪儿?	
	zhuōzi 在 桌子 上。
	jiàoshì yòubian 在 教室 的 右边。
Zhāng Yí 张怡 在 哪儿?	

1-4. 練習 🔊119

① まずは先生と一緒に、それぞれの人や動物の発音を確認しましょう。
② （順番を変えて）相手に、その人や動物がどこにいるか聞きましょう。

例　A：[田中] 在 哪儿?　　　　　　　B：[田中] 在 [　　　]。

① Tiánzhōng 田中	② Lǐ xiǎojiě 李 小姐	③ Wáng xiānsheng 王　先生

（授業中）

④ Língmù 铃木	⑤ Zuǒténg 佐藤	⑥ Xiǎo gǒu 小　狗	⑦ Xiǎo māo 小　猫

1-5. 練習　地図および方向の例を見て、左右の会話文を完成させましょう。

地図

医院	商店	银行
饭馆		

方向の例

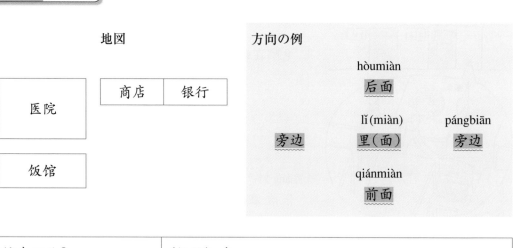

hòumiàn
后面

lǐ(miàn)　　　pángbiān
旁边　　里(面)　　旁边

qiánmiàn
前面

饭馆在哪儿?	（饭馆）在
银行在哪儿?	（银行）在

88

1-6. 練習（A） （インフォメーション・ギャップ→左側の人は p.122 を参照)

位置を知りたいものが、どこにあるかをペアの相手に聞いて、地図に数字を書き入れましょう。

⚠ 相手の地図は見ないように！

例　A：[銀行] 在哪儿?
Yínháng

B：在 超市 [旁边]。
chāoshì

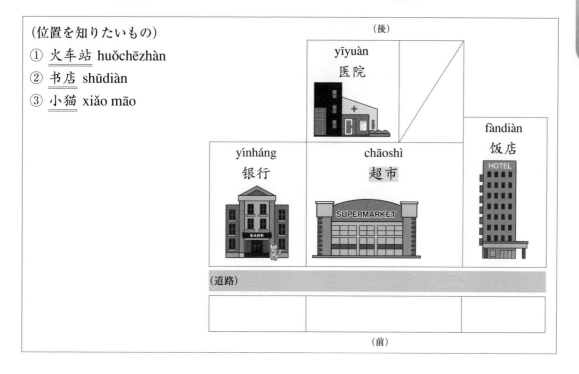

（位置を知りたいもの）

① 火车站 huǒchēzhàn

② 书店 shūdiàn

③ 小猫 xiǎo māo

（後）

yīyuàn
医院

fàndiàn
饭店

yínháng
银行

chāoshì
超市

SUPERMARKET

（道路）

（前）

 xiǎo māo
小猫

 xiǎo gǒu
小狗

第8課　場所や存在について話す

Xuéxiào fùjìn yǒu yīyuàn ma?
张： 学校 附近 有 医院 吗?

Xuéxiào li yǒu bǎojiàn guǎnlǐ zhōngxīn.
林： 学校 里 有 "保健 管理 中心"。

Nǐ qù nàr ba. Xuésheng néng miǎnfèi kàn yīshēng.
你 去 那儿 吧。 学生 能 免费 看 医生。

Tài hǎo le!
张： 太 好 了!

Bǎojiàn guǎnlǐ zhōngxīn zài nǎr?
保健 管理 中心 在 哪儿?

Zài shítáng pángbiān.
林： 在 食堂 旁边。

> **語 彙**
> ・保健管理中心
>   bǎojiàn guǎnlǐ zhōngxīn
>   「保健管理センター」（中国で
>   は "校医室" xiàoyī shì と言
>   います）
> ☆吧 ba（提案の語気）
> ・免费 miǎnfèi 無料
> ・看医生 kàn yīshēng
>   医者に診てもらう

2-2. 文型練習 （暗唱＋置き換え練習） 🔊 121

1. その場所に、人や物がいる／あるかどうかを確認する。

Chēzhàn li yǒu fànguǎn ma?
A：[车站 里] 有 [饭馆] 吗?

Chēzhàn li yǒu fànguǎn. Chēzhàn li méiyǒu fànguǎn.
B：[车站 里] 有 [饭馆]。 / [车站 里] 没有 [饭馆]。

Chēzhàn li fànguǎn
例 [车站 里]…[饭馆]

Shāngdiàn fùjìn
① [商店 附近]…[ATM]

Xǐshǒujiān li rén
② [洗手间 里]…[人]

2. その場所に、何があるかを確認する。

Chēzhàn fùjìn yǒu shénme?
A： 车站 [附近] 有 什么?

Chēzhàn fùjìn yǒu yíge shāngdiàn.
B： 车站 [附近] 有 一个 [商店]。

fùjìn shāngdiàn
例 附近…商店

pángbiān yīyuàn
① 旁边…医院

qiánmiàn fànguǎn
② 前面 … 饭馆

hòumiàn shūdiàn
③ 后面 … 书店

2-3. **練習** （インタビュー）相手の家の最寄り駅や、家の近くに、それぞれの物が有るか聞いて、有れば○、無ければ×を書きましょう。 🔊 122

例 **A：**[车站里] 有 [洗手间] 吗? **B：**[车站里] 有 [洗手间]。 → ○

[车站里] 没有 [洗手间]。→ ✕

物　　場所	xǐshǒujiān 洗手间	ATM	fànguǎn 饭馆
Chēzhàn li 车站 里			
Nǐ jiā fùjìn 你（我）家 附近			

実際の最寄り駅や家の近くを想像して答えましょう。

2-4. 練習

① 絵を見て、左右の会話文を完成させましょう。
② 絵を見ながら、ペアの人と会話しましょう。

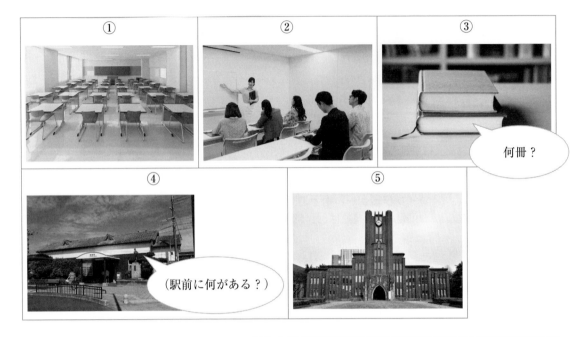

① 　　　　　　　　　　　　　　 吗?	Jiàoshìli　　　　rén 教室里 没有 人。
jǐ ge ② 教室里 有 几 个 学生?	
③	Zhuōzi shang　liǎng běn shū 桌子 上有 两 本书。
④	车站前面有一个饭馆。
⑤ 学校附近有医院吗?	(実際のことで答える)

総合練習 絵を見て、文を完成させましょう。

(1) 车站旁边_____饭馆。

(2) 饭馆_____车站旁边。

(3) 车站后面有_____。

chāoshì

(4) _____有超市和书店。

(5) 超市在_____。

（書いたら、発表できるように練習しておきましょう。）

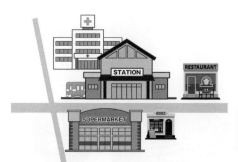

使ってみよう（8） 🔊)) 123

●おたずねします。

Qǐngwèn.
请问。

西乡隆盛像在哪儿?

●はい、チーズ。

Yī èr sān!
一 二 三 !

第9課

交通手段や希望について話す

我们怎么去京都？

 到達
目標

□ 交通手段や所要時間を説明できる。
□ いつ、どこで〜するのかたずねたり、答えたりできる。
□ 何がしたいかたずねたり、答えたりできる。

🎒 単語（事前学習①）　🔊 124

【交通手段】

① 坐 火车 zuò huǒchē	電車に乗って	④ 坐 飞机 zuò fēijī	飛行機に乗って
② 坐 地铁 zuò dìtiě	地下鉄に乗って	⑤ 骑 自行车 qí zìxíngchē	自転車で
③ 坐 出租车 zuò chūzūchē	タクシーに乗って	⑥ 坐 公共汽车 zuò gōnggòng qìchē	バスに乗って

【行動・動作】

① 买 mǎi	買う	④ 喝 hē	飲む
② 东西 dōngxi	物	⑤ 写 xiě	書く
③ 回来 huílai	帰ってくる	⑥ 学习 xuéxí	学習する、勉強する

【飲み物・食べ物】

① 茶 chá	お茶	③ 水果 shuǐguǒ	果物
② 水 shuǐ	水	④ 米饭 mǐfàn	（お米の）ごはん

タスク　あなたが住んでいる地域で、中国人観光客に聞かれそうな場所（観光スポットなど）を友達と相談して、中国語（簡体字＋ピンイン）で複数書きましょう。

①　　　　　　　　　　②　　　　　　　　　　③

94

補充単語 🔊 125

自分がよく使う交通手段を
チェックしておきましょう。

【交通手段】

① 坐 巴士 zuò bāshì バスで

② 坐 公交车 zuò gōngjiāochē バスで

③ 坐 新干线 zuò xīngànxiàn 新幹線で

④ 坐 校车 zuò xiàochē スクールバスで

⑤ 骑 摩托车 qí mótuōchē バイクで

⑥ 走着 zǒuzhe 歩いて

⑦ 步行 bùxíng 歩いて

⑧ 坐 船 zuò chuán 船で（2級）

 文法項目（事前学習②） 🔊 126

例

文法項目①

1. zěnme
怎么（＋動詞）
「どのように〜、どうやって〜」

Nǐ zěnme qù diànyǐngyuàn?
你 怎么 去 电影院?
（あなたはどうやって映画館へ行きますか。）

2. shénme shíhou
什么时候「いつ」

Tā shénme shíhou huílai?
他 什么时候 回来? （彼はいつ帰ってきますか。）

3. duōcháng shíjiān
多长时间「どのくらい（の時間）」

Yào duōcháng shíjiān?
要 多长时间? （要：かかる）
（どのくらいの時間がかかりますか。）

〜个小时 ge xiǎoshí「〜時間」	〜分钟 fēnzhōng「〜分間」
（例：一个小时，两个小时）	（例：十分钟，三十分钟）

文法項目②

1. zài
在＋場所＋動詞
「〜で・・・する」（前置詞）

Tā zài yīyuàn gōngzuò.
他 在 医院 工作。（彼は病院で働いています。）

2. xiǎng
想「〜したい」（否定は "不想"）

Wǒ xiǎng chī shuǐguǒ.
我 想 吃 水果。（私は果物が食べたい。）

3. qǐng
请「どうぞ〜してください」

Qǐng zuò
请 坐。（どうぞお座り下さい。）

"请" には、このほかに「ごちそうする」「求める」などの意味があります。

Wǒmen shénme shíhou qù Jīngdū?
张： 我们 什么 时候 去 京都？

Xià xīngqī liù qù, zěnmeyàng?
林： 下 星期 六 去，怎么样？

Hǎo a. Wǒmen zěnme qù Jīngdū?
张： 好啊。 我们 怎么 去 京都？

Zuò xīngànxiàn qù ba.
林： 坐 新干线 去 吧。

Zuò xīngànxiàn yào duōcháng shíjiān?
张： 坐 新干线 要 多长 时间？

Yào liǎng ge xiǎoshí shíwǔ fēnzhōng.
林： 要 两 个 小时 十五 分钟。

語彙

☆什么时候 shénme shíhou いつ
☆下～ xià 次の（下星期：来週）
☆怎么 zěnme
　　どのように、どうやって
☆要 yào かかる
☆多长时间 duōcháng shíjiān
　　どれくらい（の時間）
☆小时 xiǎoshí 1時間の単位
☆分钟 fēnzhōng ～分間

1-2. 文型練習 （暗唱＋置き換え練習） 🔊 128

1. 手段、方法（どのように～するか）をたずねたり、答えたりする。

zěnme qù yīyuàn?
A：你 怎么 去 [医院]？

Zuò chūzūchē qù.
B：[坐 出租车] 去。

yīyuàn
例 医院 … 坐 出租车

zuò chūzūchē

nàge fànguǎn
① 那个 饭馆 … 坐 火车

zuò huǒchē

diànyǐngyuàn
② 电影院 … 开车

kāichē

Běihǎidào
③ 北海道 … 坐 飞机

zuò fēijī

2. 時間の長さをたずねたり、答えたりする。

Zuò　dìtiě　yào duōcháng shíjiān?
A：坐［地铁］要　多长　时间？

Yào　shíwǔ fēnzhōng.
B：要［十五　分钟］。

> *几个小时？／几（多少）分钟？を使っても良い。
> （何時間）　　　（何分間）

	dìtiě	shíwǔ fēnzhōng		bāshì	sānshí fēnzhōng
例	地铁 …	十五　分钟	①	巴士 …	三十　分钟

	gōnggòng qìchē	bàn ge xiǎoshí		chūzūchē	yí ge xiǎoshí
②	公共汽车 …	半个　小时	③	出租车 …	一个　小时

	fēijī	yí ge bàn xiǎoshí		xīngànxiàn	liǎng ge xiǎoshí
④	飞机 …	一个半　小时	⑤	新干线 …	两个　小时

3. 時間（いつ〜するか）をたずねたり、言ったりする。

Tā　shénme shíhou　huílai?
A：［她］什么　时候　回来？

Tā　èrshí fēnzhōng hòu　huílai.
B：［她］［二十　分钟　后*］回来。（＊20分後）

	Tā	èrshí fēnzhōng hòu		Měilíng	yíge xiǎoshí hòu
例	她 …	二十　分钟　后	①	美玲 …	一个　小时　后

	Lǐ xiǎojiě	liǎng diǎn		Wáng xiānsheng	xīngqī wǔ
②	李 小姐 …	两　点	③	王　先生 …	星期　五

1-3.　練習　時間の長さ（①〜③）や、時点（④〜⑥）を中国語に直しましょう。

① 18分間（　　　　　　　　）　　② 30分間（　　　　　　　／　　　　　　　）

③ 2時間50分（　　　　　　　　）④ 7月10日（　　　　　　　　　　　　）

⑤ 2時半（　　　　　　　　）　　⑥ 二時間後（　　　　　　　　　）

1-4. **練習（A）** （インフォメーション・ギャップ→右側の人は p.123 を参照）

アンナさんと王君の二人が、それぞれいつするのか確認し合い、空欄を埋めましょう。

例　A：[安娜] 什么时候 [来学校]?　　　B：她 [九点][来学校]。

	lái xuéxiào 例　来 学 校	huílai 回来	qù tājiā 去 她家	qù Jīngdū 去 京都
Ānnà 安娜	九点	十分钟后		
Wáng Wěi 王伟	一个小时后		星期三	11 月 28 号

1-5. **練習** 🔊 129

① 美玲さんについて、例に従って会話練習しましょう。
② 友達にそれぞれの場所にふだんどうやって行くかインタビューしましょう。

例　A：你怎么去 [超市]?　　　B：[开车] 去。

　　A：[开车] 要 多长时间?　　　B：要 [五分钟]。

	chāoshì 超市	diànyǐngyuàn 电影院	huǒchēzhàn 火车站	yīyuàn 医院
① （ 美玲 ）	开车 （ 五分钟 ）	坐 公共汽车 （ 半个小时 ）	骑 自行车 （ 十五分钟 ）	坐 出租车 （ 二十分钟 ）
② （　　　）	（　　　　）	（　　　　）	（　　　　）	（　　　　）
（　　　）	（　　　　）	（　　　　）	（　　　　）	（　　　　）

2-1. 場面（本文2）　京都駅にて 🔊 130

Wǒmen zài nǎr chī wǔfàn?
林：我们 在 哪儿 吃 午饭？

Wǒmen zài chēzhàn li chī ba.
张：我们 在 车站 里 吃 吧。

Nǐ xiǎng chī shénme?
林：你 想 吃 什么？

Wǒ xiǎng chī qiáomài miàn.
张：我 想 吃 荞麦面。

Nà, wǒmen zài zhège diàn chī ba.
林：那，我们 在 这个 店 吃 吧。

Hǎo a. Lǐmiàn de rén hǎo duō.
张：好 啊。 … 里面 的 人 好 多。

Huānyíng guānglín! Qǐng zài zhèli xiě yíxià míngzi.
店员：(二人の中国語を聞いて) 欢迎 光临！ 请 在 这里 写 一下 名字。

語彙

- 午饭 wǔfàn 昼ご飯、ランチ
- 荞麦面 qiáomài miàn 蕎麦
- "好 hǎo"＋形容詞
  (感嘆して) とても～だ
- 欢迎光临 Huānyíng guānglín
  いらっしゃいませ
- ☆请 qǐng
  どうぞ～してください。
- ☆写 xiě 書く
- 一下 yíxià ちょっと～する

2-2. 文型練習　(暗唱＋置き換え練習) 🔊 131

1. どこで何をするかたずねたり、答えたりする。

Tā zài nǎr gōngzuò?
A：她 在 哪儿 ［ 工作 ］？

Tā zài yīyuàn gōngzuò.
B：她 在 ［ 医院 ］［ 工作 ］。

gōngzuò yīyuàn
例 工作…医院

chī fàn jiā
① 吃饭…家

mǎi dōngxi shāngdiàn
② 买东西…商店

xuéxí péngyou jiā
③ 学习…朋友家

2. 何がしたいかたずねたり、答えたりする。

Nǐ xiǎng chī shénme?
A：你 想［吃］什么？

Wǒ xiǎng chī shuǐguǒ.
B：我 想［吃］［水果］。

例	chī shuǐguǒ 吃……水果 mǐfàn 米饭	① hē rèchá 喝……热茶 shuǐ 水	② mǎi bēizi 买……杯子 diànnǎo 电脑

2-3. 練習

① それぞれ、どこで働いていますか。確認して覚えましょう。
② 絵を見ながら、例にならって会話しましょう。

例 A：［你妈妈］在哪儿工作？　　　B：（我妈妈）在［　　　　　］工作。

1) ホテルスタッフ	2) 医師	3) 教師	4) 駅員

你妈妈 (māma)	她哥哥 (gēge)	你姐姐 (jiějie)	你爸爸 (bàba)

2-4. 練習

自分がそれぞれの行動をよくどこでしているか書き、友達に聞きましょう
（下から選択するか、自分で調べましょう）。

例 A：你在哪儿［学习］？　　　B：我在［咖啡店］［学习］。

⚠〜しない場合は"不〜"

人＼行動	xuéxí 学习	mǎi dōngxi 买 东西	kànshū 看书	dǎgōng 打工
自分				
（　　　）				
（　　　）				

a．饭馆 fànguǎn　　b．火车站 huǒchēzhàn　　c．便利店 biànlìdiàn（コンビニ）

d．学校 xuéxiào　　e．超市 chāoshì　　f．咖啡店 kāfēidiàn　　g．家 jiā

h．食堂 shítáng　　i．教室里 jiàoshì li　　j．图书馆 túshūguǎn

2-5. 練習

① まずは、今自分が一番食べたいもの、飲みたいもの、買いたいものを書きましょう（教科書に載っていないものは調べましょう）。

② クラスメートに聞いてみましょう。

zhēnzhū nǎichá

例　A：你想喝什么？　　　　　　　B：我想喝［珍珠 奶茶］。

	食べたいもの	飲みたいもの	買いたい物
自分			
（　　　　　）			
（　　　　　）			

使ってみよう（9）　🔊 132

●ごちそうします（おごります）。

Jīntiān wǒ qǐngkè.
今天 我 请客。

●割り勘にしましょう。

ba.
AA 吧。

コラム　やさしい日本語

　ここまで中国語を学んできた皆さんは、中国語で簡単なコミュニケーションがとれるようになってきたことでしょう。しかし、もし相手が普通のスピードで普段通りの中国語を話したとしたら、まだほとんど聞き取れないのではないでしょうか。

　同様に、皆さんが国内で出会った日本語の初学者とコミュニケーションをとる際には、普段の日本語を使ってもなかなか聞き取ってもらえません。そんな時には「やさしい日本語」（外国人向けの簡単な日本語）を意識して使うことが有効かもしれません。

　中国語で意思の疎通が図れない場面では、相手に応じて以下の方法を試みてみましょう。

① 筆談や、スマートフォンで示す（中国語圏の人全般）＊台湾や香港では繁体字を使用
② 英語を使ってみる（日本語をまったく話せない観光客など）
③ 「やさしい日本語」で話す（日本語が少しできる中長期在留者や研修生などには、むしろ英語よりも日本語が有効な場合があります）
　例）ゆっくりと話す。　簡単な言葉、短い言葉で話す。　あいまいな表現は使わない。

動作の発生や進行について話す

你今天看见她了吗?

到達目標

☐ 行動や動作の発生の有無について確認したり、答えたりできる。
☐ 動作の進行について説明できる。

単語（事前学習①） 🔊 133

【行動・認識】

① 做 zuò	する	③ 看见 kànjiàn	見かける、目に入る
② 打电话 dǎ diànhuà	電話する	④ 认识 rènshi	見知っている、知り合っている、面識がある

文法項目（事前学習②） 🔊 134

文法項目①

1. 動詞（＋目的語）＋**了** 「～した」

   le

   （動作が発生したことを表す）

   否定：**没(有)**＋動詞
   　　　「～していない／～しなかった」

Wǒ chīfàn le.
我 吃饭 **了**。（私はご飯を食べた。）

Wǒ méi chīfàn.
我 **没** 吃饭。（私はご飯を食べていない／～食べなかった。）

文法項目②

zài ne
1. **在**…**呢** 「～しているところ」

   （動作の進行を表す）

Wǒ zài kàn diànshì ne.
我 **在** 看 电视 **呢**。

（私はテレビを見ているところです。）

☆動詞の否定は二種類あります。次の２つ文の違いを考えましょう。

・我**不**吃早饭。　　　　　　　　　　＊ "**不**"＋動詞は、意志・習慣の否定

・我**没**吃早饭。　　　　　　　　　　＊ "**没（有）**"＋動詞は、動作の未実現

補充単語 🔊 135

【行動】

① 上网 shàngwǎng インターネットをする（3級）

② 玩游戏 wán yóuxì ゲームをする（3級）

③ 洗澡 xǐzǎo お風呂に入る（3級）

④ 做作业 zuò zuòyè 宿題をする（3級）

⑤ 看报纸 kàn bàozhǐ 新聞を読む（2級）

⑥ 参加～ cānjiā ～に参加する（3級）

⑦ 社团活动 shètuán huódòng サークル活動

⑧ 志愿者活动 zhìyuànzhě huódòng ボランティア

 復習（事前学習③） 🔊 136

① それぞれの絵に当てはまる中国語を下から選び、すぐ言えるようにしましょう。

① (　　　　　)　② (　　　　　)　③ (　　　　　)　④ (　　　　　)

⑤ (　　　　　)　⑥ (　　　　　)　⑦ (　　　　　)　⑧ (　　　　　)

⑨ (　　　　　)　⑩ (　　　　　)　⑪ (　　　　　)　⑫ (　　　　　)

zuòfàn	gōngzuò	dǎgōng	chīfàn	hēchá	tīng yīnyuè
a．做饭	b．工作	c．打工	d．吃饭	e．喝茶	f．听音乐

shuìjiào	xuéxí	kāichē	kàn diànshì	kànshū	kàn diànyǐng
g．睡觉	h．学习	i．开车	j．看电视	k．看书	l．看电影

場面（本文１） 美玲さんが、陳先生を探しています。 🔊 137

XiǎoZhāng, nǐ rènshi Chén lǎoshī ma?

林： 小张，你 认识 陈 老师 吗?

Rènshi.

张： 认识。

Nǐ jīntiān kànjiàn Chén lǎoshī le ma?

林： 你 今天 看见 陈 老师 了 吗?

Wǒ méi kànjiàn.

张： 我 没 看见。

Chén lǎoshī jīntiān méiyǒu kè, méi lái xuéxiào.

陈 老师 今天 没有 课，没 来 学校。

Chén lǎoshī zuótiān yě méi lái xuéxiào.

林： 陈 老师 昨天 也 没 来 学校…。

Tā xīngqīyī hé xīngqī'èr dōu bù lái xuéxiào.

张： 她 星期一 和 星期二 都 不 来 学校。

語彙
☆了 le 〜した
☆没（有）méi(you)
（"没"＋動詞）〜していない／
〜しなかった
・课 kè 授業
☆不 bù（"不"＋動詞）〜しない

文型練習 （暗唱＋置き換え練習） 🔊 138

1. 動作の実現・未実現についてたずねたり、言ったりする。

Nǐ chīfàn le ma?

A：你 [吃饭] 了 吗?

Wǒ chīfàn le. Wǒ méi chīfàn.

B：我 [吃饭] 了。 / 我 没 [吃饭]。

chīfàn	qù yīyuàn	kànjiàn tā	dǎ diànhuà	zuòfàn
例 吃饭	① 去 医院	② 看见 她	③ 打 电话	④ 做饭

1-3. 練習　① CDを聞いて、美玲さんが昨日〜したかどうかを書き入れ（した：○、してない：×）、例に従って会話練習しましょう。 🔊139
　　　　　　② ［美玲］を［你］に変えて、友達にインタビューしましょう。

Měilíng zuótiān
例　A：［美玲］昨天［吃早饭］了吗?　　　　B：○［美玲］昨天［吃早饭］了。
　　　　　　　　　　　　　　　　　　　　　　　×［美玲］昨天没［吃早饭］。

	chī zǎofàn 吃 早饭	kàn diànshì 看 电视	dǎ diànhuà 打 电话	dǎgōng 打工
美玲				
(　　　　　)				
(　　　　　)				

1-4. 練習　空欄を埋めて、左右の会話文を完成させましょう。

	昨天我没来学校。
星期六你来学校吗?	
Yīngyǔ 你今天看见英语老师了吗?	

1-5. 練習　① 表を見ながら、陳先生（陈老师 Chén lǎoshī）が学校へ来たか／来るかについて会話し、それぞれどのように答えるか確認しましょう。
　　　　　　② ［陈老师］を［你］に変えて、友だちが学校へ来たか／来るかどうかを確かめましょう。

例　（来たか）A：［陈老师］［星期六］来学校了吗?　　B：她…
　　（来るか）A：［陈老师］［明天］来学校吗?　　　　B：她…

	xīngqī liù 星期 六（先週）	zuótiān 昨天	míngtiān 明天	xīngqī yī 星期 一（普段）
例）陈 老师	○	×	○	×
(　　　　　)				
(　　　　　)				

③（時間が余れば）"来学校"を他の言葉に代えて、インタビューしてみましょう。

2-1. 　場面（本文2）　次の日、チャットにて 🔊 140

Nǐ zài zuò shénme ne?
你 在 做 什么 呢?

Wǒ zài chīfàn ne.
我 在 吃饭 呢。

Jīntiān shàngwǔ shídiǎn nǐ zài zuò shénme ne?
今天 上午 十点 你 在 做 什么 呢?

Wǒ zài shuìjiào ne　Zěnme le?
我 在 睡觉 呢…怎么 了?

Chén lǎoshī zhǎo nǐ ne.
陈 老师 找 你 呢。

> ### 語 彙
>
> ☆在…呢 zài…ne
>
> 　　～しているところだ
>
> ☆怎么了 zěnme le　どうしたの？
>
> ・找 zhǎo　さがす

2-2. 　文型練習　(暗唱＋置き換え練習) 🔊 141

---

1. 何をしているかたずねたり、言ったりする。

Nǐ zài zuò shénme ne?
A: 你 在 做 什么 呢?

Wǒ zài　kàn diànshì　ne.
B: 我 在 [看 电视] 呢。

kàn diànshì	kànshū	xuéxí Hànyǔ	shuìjiào	zuòfàn
例　看 电视	①　　看书	②　学习 汉语	③　　睡觉	④　做饭

> ＊"在…呢"の、"在"と"呢"は、どちらか一方を省略することもできます。
>
> 例　我在看电视。　我看电视呢。

2-3. 練習　絵を見ながらパートナーと会話しましょう。 🔊 142

例　A：[他们] 在做什么呢?　　　B：[他们] 在 [看电视] 呢。

Tāmen 例 他们	Wáng xiānsheng 王　先生	Tā māma 他 妈妈	Xiǎo Wáng 小　王
Língmù 铃木	Mèng xuéjiě 孟　学姐	Lǐ xiǎojiě 李 小姐	Jiějie 姐姐

2-4. 練習　ペアの相手に、昨日のそれぞれの時刻に何をしていたかインタビューしましょう（習っていない言葉は調べましょう）。

例　A：昨天 [上午十点]，你在做什么呢?　　　B：我在 [上课*] 呢。
（＊shàngkè：授業に出る）

	自分	(　　　　　　　　)	(　　　　　　　　)
shàngwǔ 上午 十点			
xiàwǔ 下午 五点			
wǎnshang 晚上 七点			
晚上 十一点			

使ってみよう（10）　🔊 143

Jiāyóu!
加油 !

●がんばれ！

パフォーマンス課題② 自己紹介をしよう

テーマ

　あなたの学校に、中国の協定校から 20 名ほどの大学生が、夏休みの短期研修にやってきます。研修初日には、あなたを含めた日本人参加学生との交流会があります。これから 2 週間ともに学ぶ研修生たちに自分のことをよく知ってもらえるように、中国語で自己紹介をしましょう（30 秒程度）。

（p.118 の評価基準を確認して下さい）

1. 下書きの作成

はじめの挨拶 ＿＿＿＿＿＿＿＿＿＿＿＿＿＿＿＿＿

本文

（↑本文は最低限ここまで埋めましょう）

おわりの挨拶 ＿＿＿＿＿＿＿＿＿＿＿＿＿＿＿＿＿

⚠ 一行に一文だけ書くのではなく、つなげて行全体に書きましょう。

2．パートナーの話を聞いて、分かったことと、使えそうな表現をメモしましょう。

> 重要 ⚠ 教科書は見せずに、相手が理解できているか確認しながら、ゆっくりと話しましょう。

分かったこと（キーワードのみをメモしましょう）

使えそうな表現

3．お互いのアドバイスを聞いて、より良い自己紹介文に仕上げましょう（p.118 の評価基準を参照しながら、別紙に原稿を仕上げましょう。TA や中国人の友達がいたら、アドバイスをもらいましょう）。

4．うまく発表できるように、評価基準を確認して練習しましょう。

5．クラスで発表しましょう（学期末等）。

第 11 課　過去の出来事や値段について話す

这是什么时候买的?

到達目標

□ 過去の出来事について、いつ、どこで、どのように～したのかをたずねたり、答えたりできる。

□ ごく基本的な買い物のやりとりができる。

 単語（事前学習①）　 144

【過去】

① 去年 qùnián　　去年

② 二〇一八年 èr líng yī bā nián

　　2018 年（数字をつぶ読みする）

【物】

① 药 yào　　薬

② 咖啡 kāfēi　　コーヒー

③ 手表 shǒubiǎo　腕時計

④ 西瓜 xīguā　　スイカ

⑤ 牛奶 niúnǎi　　牛乳

【お金の単位】

① （人民币 rénmínbì：RMB、CNY とも表記）

書き言葉	元 yuán	角 jiǎo	分 fēn
話し言葉	块 kuài	毛 máo	分 fēn

② 日元 Rìyuán　　　日本円

32.00 元 → 三十二块　　　　　　2.80 元 → 两 块 八 （毛）
　1.56 元 → 一块五毛六（分）　　270.00 元 → 两百七十块
（＊お金の単位の前の 2 は、"两" liǎng を使う。＊最後の単位は省略可）

タスク　　現在のレートを調べましょう。

（＿＿＿＿＿年＿＿＿月＿＿＿日現在）

1 元＝＿＿＿＿＿＿日元　　　　　10,000 円＝＿＿＿＿＿＿元

補充単語 🔊 145

【電子マネー／インターネットのショッピングモール】

① 支付宝 Zhīfùbǎo Alipay ③ 淘宝 Táobǎo タオバオ

② 微信支付 Wēixìn zhīfù WeChat Pay ④ 天猫 Tiānmāo Tmall

> どちらもアリババグループのインターネットショッピングモールです。タオバオが誰でも個人で出店可能なのに対し、Tmall は法人のみ出店可能で審査有り。

文法項目（事前学習②） 🔊 146

文法項目①

1. "是…的"「(いつ、どこで、どのように、だれが）〜したのです。」

[*すでに起こった過去のことについて、その時間、場所、手段・方法などを強調する。"是"は省略可能。]

> ・我是去年去中国的。
> ・我去年去中国了。
> 両者の違いを（使われる場面の違いも含めて）話し合ってみよう。

Wǒ shì qùnián qù Zhōngguó de.
我 是 去年 去 中国 的。
（私は去年中国に行ったのです。）

Zhè shì zài Běijīng mǎi de.
这 是 在 北京 买 的。
（これは北京で買ったのです。）

Wǒ shì kāichē lái xuéxiào de.
我 是 开车 来 学校 的。
（私は車を運転して学校に来たのです。）

xiē
2. 些 （いくつか、少し）

yìxiē shuǐguǒ
一些 水果（少しの果物）

zhèxiē píngguǒ
这些 苹果（これらのリンゴ）

文法項目②

yào
1. 要（動詞）「欲しい、要る」

　　　　（助動詞）「〜したい」

Wǒ yào píngguǒ.
我 要 苹果。（私はリンゴが欲しい。）

Wǒ yào mǎi diànnǎo.
我 要 买 电脑。（私はパソコンが買いたい。）

> "想"（〜したい）は、したいなあと思っているだけで、実際にするかはまだ決まっていないのに対し、"要" は実際にそれを行動に移すつもりの場合に用いられます。（この場合の否定は"不想"）

第1課 過去の出来事や値段について話す

111

Nǐ kàn, wǒ mǎi qípáo le!
林：你 看，我 买 旗袍 了！

Hěn piàoliang! Zhè shì shénme shíhou mǎi de?
张：很 漂亮！ 这 是 什么 时候 买 的？

Zhè shì guānggùnjié de shíhou mǎi de.
林：这 是 光棍节 的 时候 买 的。

語　彙
旗袍 qípáo チャイナドレス
光棍节 guānggùnjié
11月11日「独身の日」
（セールが行われる）
淘宝 Táobǎo
タオバオ（インターネット上
のショッピングモール）
换 huàn 替える

Nǐ shì zài nǎr mǎi de?
张：你 是 在 哪儿 买 的？

Wǒ shì zài Táobǎo mǎi de.
林：我 是 在 淘宝 买 的。

Nǐ jīntiān shì zěnme lái xuéxiào de?
张：你 今天 是 怎么 来 学校 的？

Qí zìxíngchē lái de. Wǒ zài xuéxiào huàn yīfu de.
林：骑 自行车 来 的。 我 在 学校 换 衣服 的。

1-2. 文型練習 （暗唱＋置き換え練習） 🔊 148

1. いつ～したのかたずねたり、答えたりする。

Nǐ shì shénme shíhou lái Dōngjīng de?
A：你 是 什么 时候 [来 东京] 的？

Wǒ shì zuótiān lái Dōngjīng de.
B：我 是 [昨天][来 东京] 的。

lái Dōngjīng zuótiān
① [来 东京]…昨天

Rìběn qùnián
日本…去年

qù Zhōngguó nián
② [去 中国]…二〇一八 年

Shànghǎi bànnián qián
上海…半年 前

mǎi diànnǎo yīyuè sānhào
③ [买 电脑]…一月 三号

shǒujī xīngqī tiān
手机…星期 天

2. どこで～したのかたずねたり、答えたりする。

Nǐ de yīfu shì zài nǎli mǎi de?

A：[你的衣服]是 在 哪里 买 的?

Wǒ de yīfu shì zài Shànghǎi mǎi de.

B：[我的衣服]是在[上海]买的。

	yīfu Shànghǎi		píngguǒ nàge shāngdiàn
①	衣服……上海	②	苹果……那个 商店
	Nǐ (wǒ) de diànnǎo dàxué		Zhèxie bēizi kāfēi diàn
	你（我）的 电脑……大学		这些 杯子……咖啡 店
	shǒujī Zhōngguó		yīfu Táobǎo
	手机……中国		衣服……淘宝

3. どのように～したのかたずねたり、答えたりする。

Tā shì zěnme qù yīyuàn de?

A：他 是 怎么 [去 医院] 的?

Tā shì zuò chūzūchē qù yīyuàn de.

B：他 是 [坐 出租车][去 医院] 的。

	qù yīyuàn zuò chūzūchē		lái xuéxiào qí zìxíngchē
①	去 医院 …… 坐 出租车	②	来 学校 …… 骑 自行车
	Běihǎidào zuò fēijī		Dōngjīng zuò xīngànxiàn
	北海道 …… 坐 飞机		东京 …… 坐 新干线

1-3. **練習** 空欄を埋めて、左右の会話文を完成させましょう。

	我是三年前来日本的。
你是在哪里学汉语的?	
	他是坐地铁来学校的。

113

張さんとアンナさんが、いつ、どうやって、どこで〜したのか確認し合い、空欄を埋めましょう。

例　A：［ 美玲 ］是［ 什么时候 ］［ 去北海道 ］的?

sān ge yuè qián

　　　B：她是［ 三 个 月 前 ］［ 去北海道 ］的。

		ZhāngYí 张 怡	Ānnà 安 娜
qù Běihǎidào 去 北海道	いつ		wǔ nián qián 五 年 前
	どうやって		zuò fēijī 坐 飞机
mǎi yīfu 买 衣服	どこで	Táobǎo 淘宝	
	いつ	liù yuè shíbā hào 六 月 十八 号	

1-5. 練習　二人で、どちらかが過去（数年以内）に行った場所か、買った物を一つ選んで、その話題についての会話文を一緒に書きましょう。

（二人で同じ文章を書きます。⚠ 最低 1 回以上は "是…的" 構文を使いましょう）

> どちらか一つ書いて、その話題について会話を始めましょう

名前

A（　　　　）：我去［　　　　　　　　　］了。　　我买［　　　　　　　　　］了。
　　　　　　　　　　　　（場所）　　　　　　　　　　　　　　（買った物）

B（　　　　）：＿＿＿＿＿＿＿＿＿＿＿＿＿＿＿＿＿＿＿＿＿＿＿＿

A：＿＿＿＿＿＿＿＿＿＿＿＿＿＿＿＿＿＿＿＿＿＿＿＿＿＿＿

B：＿＿＿＿＿＿＿＿＿＿＿＿＿＿＿＿＿＿＿＿＿＿＿＿＿＿＿

A：＿＿＿＿＿＿＿＿＿＿＿＿＿＿＿＿＿＿＿＿＿＿＿＿＿＿＿

2-1. 場面（本文2） 家族へのお土産を買いたい張さんと買い物にきました。 🔊 150

Nǐ yào mǎi shénme?
林： 你 要 买 什么？

Wǒ yào mǎi yìxiē yào.　　Zhèige duōshao qián?
张： 我 要 买 一些 药。 … 这个 多少 钱？

Yìqiān qībǎi Rìyuán.
林： 一千 七百 日元。

Zhèige shì Rìběn zhìzào de ma?
张： 这个 是 日本 制造 的 吗？

Zhèige búshì, nàxiē shì.
林： 这个 不是, 那些 是。

> ### 語彙
> ☆要 yào
> 　　（動詞）欲しい、要る
> 　　（助動詞）～したい
> ☆一些 yìxiē　いくつか、少し
> ☆多少钱 duōshao qián　いくら
> ☆日元 Rìyuán　日本円
> ・日本制造 Rìběn zhìzào　日本製

2-2. 文型練習 （暗唱＋置き換え練習） 🔊 151

---

1. 何が（いくつ／どれが）要る（欲しい）かたずねたり、言ったりする。

Nǐ yào shénme?
A： 你 要 [什么]？

Wǒ yào píngguǒ.
B： 我 要 [苹果]。

shénme píngguǒ	jǐ ge liǎngge	duōshao shíwǔ ge	něige zhèige
例 什么…苹果	① 几个…两个	② 多少…十五个	③ 哪个…这个
	sān ge	sānshí ge	nèige
	三个	三十个	那个
	bā ge		
	八个		

2. 何を～したいかたずねたり、言ったりする。

Nǐ yào mǎi shénme?
A：你 要［ 买 ］什么？

Wǒ yào mǎi bēizi.
B：我 要［ 买 ］［ 杯子 ］。

mǎi bēizi	chī jiǎozi	hē niúnǎi	kàn diànyǐng
① 买 … 杯子	② 吃 … 饺子	③ 喝 … 牛奶	④ 看 … 电影
shǒubiǎo	píngguǒ	rèchá	dòngmàn
手表	苹果	热茶	动漫
diànnǎo	xīguā	kāfēi	（アニメ）
电脑	西瓜	咖啡	

3. いくらかたずねたり、答えたりする。

Zhèige xīguā duōshao qián?   Shíbā kuài.
A：这个［ 西瓜 ］多少 钱？   B：［ 十八 块 ］。

xīguā   shíbā kuài
例 西瓜 … 十八 块

píngguǒ liǎng kuài bā
① 苹果 … 两 块 八

shǒubiǎo jiǔ bǎi jiǔshiqī
② 手表 … 九 百 九十七

diànnǎo   shí'èr wàn Rìyuán
③ 电脑 … 十二 万 日元

yǐzi   liù qiān wǔ bǎi bāshí Rìyuán
④ 椅子 … 六 千 五 百 八十 日元

zhuōzi liǎng wàn duō
⑤ 桌子 … 两 万 多*

（*～多 ～あまり）

2-3. 練習 次の金額を、簡体字に直してから、ペアで言い方を確認しましょう。🔊 152

例 A：这个多少钱？   B：三块五。

例 RMB 3.50	① RMB 2.80	② CNY 52.00
三块五		
③ CNY 14.68	④ JPY 159	⑤ JPY 2570

116

| 2-4. | 練習 | CD を聞いて、それぞれの物の値段を書きましょう。 🔊 153 |

_____元　_____元　_____元　_____円　_____円

| 2-5. | 練習（A） | （インフォメーション・ギャップ→右側の人は p.124 を参照） |

値段の分からない物について、ペアの人に確認しましょう（⚠ 元と日本円を言い分けましょう）。

kuài　　　　　Rìyuán

例　A：这个 [手机] 多少钱?　　　B：[　　　] 块。/ [　　　] 日元。

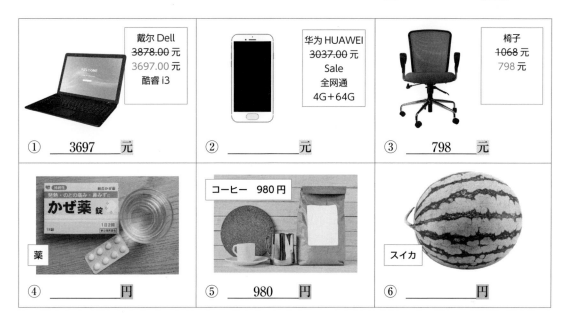

戴尔 Dell
3878.00 元
3697.00 元
酷睿 i3

华为 HUAWEI
3037.00 元
Sale
全网通
4G+64G

椅子
1068 元
798 元

① 3697 元　② _____元　③ 798 元

かぜ薬 錠
薬

コーヒー 980 円

スイカ

④ _____円　⑤ 980 円　⑥ _____円

| 使ってみよう（11） | 🔊 154 |

●はい、わかりました。いいですよ。OK。（同意や了解）

Wēixìn zhīfù.
微信 支付。

Hǎo de.
好 的。

117

評価用ルーブリック

◆ 文章

	A（5点）	B（4点）	C（3点）	D（2〜1点）
表現	□文法や語彙・文字のミスが無く、中国語として自然な文章が書けている。	□おおむね自然な文章が書けているが、一部（2カ所以内）にミスがある。	□全体として意味は通じるが、文法や語彙・文字の間違いがやや目立つ。	□意味が通じない部分や、機械翻訳そのままの不自然な部分が多い。
内容	□テーマに沿って、興味を引くよう内容が十分に工夫されている。 □適切な分量で、うまく自己表現ができている。	□テーマに沿って、興味を引くよう内容を工夫した跡が見てとれる。 □適切な分量で、おおむね自己表現できているが、一部に不自然な内容が含まれている。	□文全体のつながりがわるく、習った定型文を無秩序に並べているだけの単調な内容である。	□ごく限られた定型文を書いているに過ぎない。 □テーマにふさわしくない内容が多く、ほとんど自己表現できていない。

＊自分で書かずに、他者（ネイティブ等）に訳してもらった箇所は採点の対象外です。
＊規定の分量に達していない場合、その度合いに応じて減点します。

◆ 発表

	A（5点）	B（4点）	C（3点）	D（2〜1点）
発音	□中国語らしい綺麗な発音で流ちょうに話していた。声調や反り舌音などにも問題が無かった。	□ある程度正確で流ちょうな発音だが、一部にわずかなミスや不自然な発音があった。	□おおむね聞いて理解できたが、不正確な発音や、声調・ピンインの読み間違いなどがやや目立った。	□不自然な発音や読み間違いが多く、何を言っているのか、分かりづらかった。
態度	□原稿を見ずに、聴衆とのアイコンタクトを保ちつつ、適切な声の大きさ・スピードで、明瞭に話していた。	□原稿を見ずに、ある程度明瞭に話していたが、一部言葉に詰まったり、言い直したりする場面が見られた。 □流れを妨げない形で、原稿に一度だけ目をやった。	□しばしば原稿を見ていたものの、おおむね明瞭に発表していた。 □原稿を見ずに話していたが、スピードが速すぎる、声が小さすぎる、言葉に詰まるといった問題が目立った。	□ずっと原稿を読んでおり、声が小さかったり、棒読みであったりして聞き取りにくかった。

コメント

118

インフォメーション・ギャップ

（⚠ お互いのページは見ないで下さい）

第1課

1-4. 　**練習（B）** 　〈相手〉の身分と国を聞いて、空欄に書きましょう。

例

你是学生吗？

是的，我是学生。

你是中国人吗？

不是，我是美国人。

例	〈相手〉	〈あなた〉
（イラスト）	（イラスト）	（イラスト）
学生		学生
美国人		日本人

⚠ この人の情報はペアの相手（A）が持っています。相手の
ページは見ずにこの人が学生かどうか、中国人かどうかを
相手に聞いて、その答えを書き入れて下さい。

2-4. 　**練習（B）** 　空欄になっている人の番号を言ってから、出身地を聞いて書きましょう。

例　A：她是哪里人？　　　　　　　　　B：她是［东京人］。

例	①	②	③	④
东京人	（　　　　）	东京人	（　　　　）	台湾人

第 2 課

1-4. **練習（B）**　①②の絵が何か予想して、ペアの相手に確認してみましょう。

⚠番号以外は日本語使用禁止！

例　A：这是［（予想）］吗?　　　B：是的，这是［　　　］
　　　　　　　　　　　　　　　　　　　不是，这不是［　　　］。

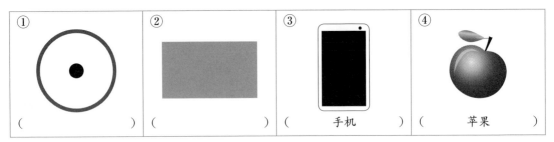

①	②	③	④
（　　　）	（　　　）	（　手机　）	（　苹果　）

どうしても予想がつかなければ、それが何か中国語で聞いてみましょう。

2-4. **練習（B）**

① まず先生と一緒に、人名の発音を確認しましょう。
② 番号を指定して、出身地を聞いて書きましょう。

ここは変えずに聞きましょう

⚠ "都" が使える場面を考えて使ってみましょう。

例　A：她们是哪里人?　　　B：（张怡是上海人。马丽是北京人。）

例	①	②
 Zhāng Yí　Mǎ Lì 张怡　马丽 （上海人）（北京人）	 Lǐ lǎoshī　Yáng lǎoshī 李 老师　杨 老师 （北京人）（台湾人）	 Měilíng　Língmù 美玲　铃木 （东京人）
	③	④
	 Chén Lì　Zhāng lǎoshī 陈力　张 老师 （　　）（　　）	 Wáng Wěi　Ānnà 王伟　安娜 （　　）（　　）

120

第3課

1-3.　練習（B）

① まず先生と一緒に、人名の発音を確認しましょう。

② ペアの相手に聞いて、空欄を埋めましょう。

例　A：［张怡］今年多大?　　　　　B：她今年［二十］岁。

　　A：她几年级?　　　　　　　　B：她［二］年级。

Zhāng Yí 例　张 怡	Zuǒténg ① 　佐藤	Yáng lǎoshī ② 杨 老师	Ānnà ③ 　安娜	Xiǎo Liú ④ 　小 刘
20 歳	21 歳	30 歳	（　　　）歳	（　　　）歳
2 年	3 年		（　　　）年	

2-3.　練習（B）

① それぞれ中国語でなんと言うか、書かずに確認しましょう。

② 相手の所有を確認しましょう。持っている　→○

　　　　　　　　　　　　　　　　持っていない→✕

例　A：你有［电脑］吗?　　　　　　B：○ 有，我有［电脑］。

　　　　　　　　　　　　　　　　　✕ 没有，我没有［电脑］。

相手					
自分	○	✕	✕	○	✕

121

第5課

2-3. 練習（B）

A（上海）とB（北京）に分かれて、お互いの天気を聞き、書きましょう。

例　A：[昨天][北京] 的天气怎么样?　　　B：（很好。不热。）

	Zuótiān 昨天	Jīntiān 今天	Míngtiān 明天
Běijīng 北京	Hěn hǎo. Bú rè. 很 好。 不 热。	Bù hǎo. Xià yǔ. 不 好。 下 雨。	Bútài hǎo. 不太 好。
Shànghǎi 上海			

第8課

1-6. 練習（B）　位置を知りたいものが、どこにあるかをペアの相手に聞いて、地図に数字を書き入れましょう。　⚠ 相手の地図は見ないように！

例　A：[银行]在哪儿?　　　B：在 超市 [旁边]。

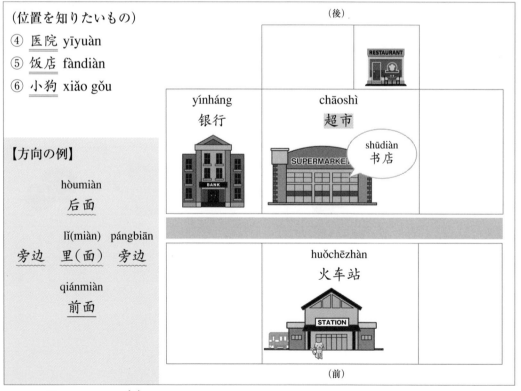

（位置を知りたいもの）
④ 医院 yīyuàn
⑤ 饭店 fàndiàn
⑥ 小狗 xiǎo gǒu

【方向の例】
hòumiàn
后面

lǐ(miàn)　pángbiān
旁边　里(面)　旁边

qiánmiàn
前面

 xiǎo māo 小 猫　　 xiǎo gǒu 小 狗

第9課

1-4. 練習（B）　アンナさんと王君の二人が、それぞれいつするのか確認し合い、空欄を埋めましょう。

例　A：［安娜］什么时候［来学校］？　　　B：她［九点］［来学校］。

	lái xuéxiào 例 来学校	huílai 回来	qù tājiā 去 她家	qù Jīngdū 去 京都
Ānnà 安娜	九点		明天	星期五
Wáng Wěi 王伟	一个小时后	八点半		

第11課

1-4. 練習（B）

張さんとアンナさんが、いつ、どうやって、どこで～したのか確認し合い、空欄を埋めましょう。

例　A：［美玲］是［什么时候］［去北海道］的？

san ge yuè qián
B：她是［三个月前］［去北海道］的。

		Zhāng Yí 张 怡	Ānnà 安娜
qù Běihǎidào 去 北海道	いつ	qùnián 去年	
	どうやって	zuò xīngànxiàn 坐 新干线	
mǎi yīfu 买 衣服	どこで		Tiānmāo 天猫
	いつ		zuótiān 昨天

123

2-5.	練習（B）

値段の分からない物について、ペアの人に確認しましょう（⚠ 元と日本円を言い分けましょう）。

kuài　　　　　　　　Rìyuán

例　A：这个［电脑］多少钱？　　　　　B：［　　　］块。/［　　　］日元。

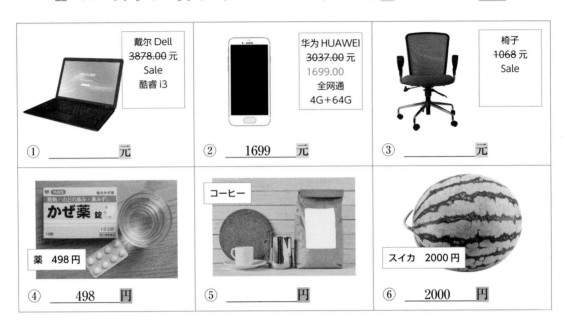

① ＿＿＿＿＿元　　② ＿1699＿元　　③ ＿＿＿＿＿元

④ ＿498＿円　　⑤ ＿＿＿＿＿円　　⑥ ＿2000＿円

索　引

ピンイン	単語	日本語	課

A

a	啊	～よ、～ね	3
ài	爱	好む、愛する	6
àihào	爱好	趣味、好み	6

B

bā	八	8	3
bāshì	巴士	バス	9補
bàba	爸爸	父	7
ba	吧	(勧誘)～しましょう	
		(提案)～したら	
		(推量)～でしょう	
		(軽い命令)～してください	4
bǎi	百	百	3
bǎihuò shāngdiàn			
	百货商店	デパート	8補
bàn	半	半	4
bāo	包	カバン、バッグ	2補
bàozhǐ	报纸	新聞	4補
bēizi	杯子	コップ	2
Běijīng	北京	北京	1
běn	本	～冊(本や雑誌を数える単位)	
			7
bǐ	笔	筆(鉛筆、ボールペン等)	2
bǐsài	比赛	試合	6補
biànlìdiàn	便利店	コンビニ	8補
bú kèqi	不客气	どういたしまして	3
bú tài	不太	あまり～ない	5
búcuò	不错	なかなか良い	5
bù	不	(否定)～でない／～しない	1
bùxíng	步行	歩いて	9補

C

cài	菜	料理	6
cānjiā	参加	参加する	10補
cèsuǒ	厕所	トイレ、便所	8補
chá	茶	お茶	9
chàng	唱	歌う	6
chànggē	唱歌	歌を歌う	6
chāoshì	超市	スーパー	8補

chéngjì	成绩	成績	5
chēzhàn	车站	駅、バスターミナル	8
chī	吃	食べる	4
chī fàn	吃饭	ご飯を食べる	4
chūzhōngshēng			
	初中生	中学生	7補
chūzūchē	出租车	タクシー	9
chuán	船	船	9補

D

dǎ bàngqiú	打棒球	野球をする	6補
dǎ diànhuà	打电话	電話する	10
dǎgōng	打工	アルバイトをする	4
dǎ lánqiú	打篮球	バスケットボールをする	6補
dǎ páiqiú	打排球	バレーボールをする	6補
dǎ pīngpāngqiú			
	打乒乓球	卓球をする	6補
dǎ wǎngqiú	打网球	テニスをする	6補
dà	大	大きい	5
dàjiā	大家	みなさん	3
dàxué	大学	大学	3
dàxuéshēng	大学生	大学生	7
de	的	～の	2
děng	等	待つ	7
dìdi	弟弟	弟	7
dìtiě	地铁	地下鉄	9
diǎn	点	～時	4
diànnǎo	电脑	パソコン	2
diànshì	电视	テレビ	4
diànyǐng	电影	映画	6
diànyǐngyuàn			
	电影院	映画館	8補
Dōngjīng	东京	東京	1
dōngxi	东西	物	9
dòngmàn	动漫	アニメ	6補
dōu	都	すべて、みな	2
dú	读	読む	6
duìbuqǐ	对不起	すみません(ごめんなさい)	3
duō	多	多い	5
		～あまり	11
duōcháng shíjiān			
	多长时间	どのくらい(の時間)	9

duōdà	多大	いくつ(年齢を聞く)	3
duōshao	多少	いくつ(数に制限はない)	3
duōshao qián			
	多少钱	いくら	11

E

érzi	儿子	息子	7
èr	二	2	3
èrhú	二胡	二胡／アルフ	2

F

fàndiàn	饭店	ホテル、レストラン	8
fànguǎn	饭馆	レストラン	8
fēicháng	非常	非常に	5
fēijī	飞机	飛行機	9
fēn	分	～分	4
		分(通貨の単位)	11
fēnzhōng	分钟	～分間	9
fùjìn	附近	付近、近く	8

G

gāo	高	高い	5 補
gāoxìng	高兴	うれしい	5
gāozhōngshēng			
	高中生	高校生	7 補
gēge	哥哥	兄	7
gè	个	～個	
		(人や物一般を数える単位)	7
gōngchéngshī			
	工程师	エンジニア	7 補
gōnggòng qìchē			
	公共汽车	バス	9
gōngjiāochē	公交车	バス	9 補
gōngsī	公司	会社	7 補
gōngsī zhíyuán			
	公司职员	会社員	7 補
gōngwùyuán			
	公务员	公務員	7 補
gōngzuò	工作	仕事、仕事をする	7
gǒu	狗	犬	6
guānggùnjié	光棍节	11月11日「独身の日」	11
guàng jiē	逛街	街をぶらつく、ウインドウ	
		ショッピングをする	6 補
guì	贵	値段が高い	5 補

H

hái kěyǐ	还可以	まあまあ	5
háizi	孩子	子供	7
Hànyǔ	汉语	中国語	2
hǎo	好	良い	5
hǎochī	好吃	(食べて)美味しい	5
hǎo de	好的	わかりました。いいですよ。	
			4
hǎohē	好喝	(飲んで)美味しい	5
hǎokàn	好看	見た目がよい、きれい	5
hào	号	番号	3
		～日	4
hē	喝	飲む	9
hé	和	～と	6
hěn	很	(とても)	5
hòubian	后边	後ろ	8 補
hòumiàn	后面	後ろ	8
hùshi	护士	看護師	7 補
huàn	换	替える	11
Huānyíng guānglín			
	欢迎光临	いらっしゃいませ	9
huí	回	帰る	4
huílai	回来	帰ってくる	9
huì	会	(習得して)～できる	6
huǒchē	火车	電車	9
huǒchēzhàn	火车站	鉄道の駅	8

J

jīchǎng	机场	空港	8 補
jǐ	几	いくつ(10以下を予想)	3
jiā	家	家	4
jiātíng zhǔfù			
	家庭主妇	主婦	7 補
jiāyóu	加油	がんばれ	10
jiǎo	角	角(通貨の単位)	11
jiǎozi	饺子	餃子	5
jiào	叫	～という	0
jiàoshì	教室	教室	8 補
jiějie	姐姐	姉	7
jīnnián	今年	今年	3
jīntiān	今天	今日	4
jìn	近	近い	5 補
jiǔ	九	9	3

K			
kāfēi	咖啡	コーヒー	6
kāfēidiàn	咖啡店	コーヒー店／喫茶店	8補
kāi	开	運転する、開く	6
kāichē	开车	車を運転する	6
kàn	看	見る	4
kànjiàn	看见	見かける、目に入る	10
kě'ài	可爱	可愛い	5補
kělè	可乐	コーラ	6
kè	课	授業	10
kǒu	口	～人家族	
		（家族の人数を数える単位)	7
ktv	KTV	カラオケ	6補
kuài	块	元（通貨の単位)	11
kuài	快	速い	5補
L			
lái	来	来る	4
lǎolao	姥姥	母方の祖母	7補
lǎoshī	老师	先生	1
lǎoye	姥爷	母方の祖父	7補
le	了	～した（動作の発生)	10
		～になった（変化)	3
lèi	累	疲れている	5補
lěng	冷	寒い	5
li	里	～のなか	8
lǐmiàn	里面	なか	8
liǎng	两	2、2つ	3
liáotiān	聊天	おしゃべり	6
líng	零	0	3
liúxuéshēng	留学生	留学生	1
liù	六	6	3
lǚxíng	旅行	旅行する	6
lǚyóu	旅游	旅行する	6
M			
māma	妈妈	お母さん	7
ma	吗	（疑問)～か	1
mǎi	买	買う	9
màn	慢	遅い	5補
mànhuà	漫画	漫画	6補
máng	忙	忙しい	5補
māo	猫	猫	6
máo	毛	毛（通貨の単位)	11
màozi	帽子	帽子	2補

méi	没	（否定)～していない／	
		～しなかった	10
méi guānxi	没关系	かまいません（大丈夫)	3
méiyǒu	没有	…が無い／…持っていない	3
Měiguó	美国	アメリカ	1
měitiān	每天	毎日	4
mèimei	妹妹	妹	7
mǐfàn	米饭	（お米の)ごはん	9
miǎnfèi	免费	無料	8
míngtiān	明天	明日	4
míngzi	名字	名前	0
mótuōchē	摩托车	バイク	6補
N			
nǎ	哪	どれ、どの	2
nǎge	哪个	どれ、どの～	5
nǎli	哪里	どこ	1
nǎr	哪儿	どこ	8
nà	那	それ／あれ	2
nàge	那个	それ、その～／	
		あれ、あの～	5
nàli	那里	そこ、あそこ	8
nàr	那儿	そこ、あそこ	8
nǎinai	奶奶	父方の祖母	7補
nán péngyou			
	男朋友	彼氏	7補
ne	呢	～は？（省略疑問文)	2
		～しているところ（進行)	11
néng	能	（能力的、条件的に)	
		～できる	6
nǐ	你	あなた	0
nǐmen	你们	あなたたち	0
nǐ zǎo	你早	おはようございます	4
nián	年	年	11
niánjí	年级	学年、～年生	3
nín	您	あなた（敬称)	0
niúnǎi	牛奶	牛乳	6
nóngmín	农民	農家	7補
nǚ'ér	女儿	娘	7
nǚ péngyou	女朋友	彼女	7補
P			
pángbiān	旁边	傍ら、となり	8
pǎobù	跑步	ジョギング	6補
péngyou	朋友	友達	2

píjiǔ	啤酒	ビール	6
piányi	便宜	安い	5補
piàoliang	漂亮	美しい、きれい	5
píngguǒ	苹果	リンゴ	2

Q

qī	七	7	3
qīzi	妻子	妻	7
qí	骑	(自転車やバイクに)乗る	6
qípáo	旗袍	チャイナドレス	11
qǐchuáng	起床	起きる	4
qiān	千	千	3
qiānbǐ	铅笔	鉛筆	2補
qián	钱	お金	11
qiánbian	前边	前	8補
qiánmiàn	前面	前	8
qiáomài miàn			
	荞麦面	蕎麦	9
qǐng	请	どうぞ~してください	9
qù	去	行く	4
qùnián	去年	去年	11

R

rè	热	熱い、暑い	5
rén	人	人	1
rènshi	认识	見知っている	5
Rìběn	日本	日本	1
Rìběn zhìzào			
	日本制造	日本製	11
Rìyǔ	日语	日本語	2
Rìyuán	日元	日本円	11

S

sān	三	3	3
sǎn	伞	傘	2補
sànbù	散步	散歩	6補
shāngdiàn	商店	店	8
shàng	上	~の上	8
Shànghǎi	上海	上海	1
shàngkè	上课	授業に出る、授業が始まる／ある	4
shàngmiàn	上面	上	8
shàngwǎng	上网	インターネットをする	10補
shàngwǔ	上午	午前	4
shǎo	少	少ない	5

shètuán huódòng			
	社团活动	サークル活動	10補
shèyǐng	摄影	写真撮影	6補
shéi	谁	誰	2
shēntǐ	身体	体、体調	5
shénme	什么	なに、どんな	2
shénme shíhou			
	什么时候	いつ	9
shēngrì	生日	誕生日	4
shēngyúpiàn			
	生鱼片	刺身	6
shí	十	10	3
shíhou	时候	時	9
shítáng	食堂	食堂	8
shì	是	~である	1
shìde	是的	はい。(そうです)	1
shǒubiǎo	手表	腕時計	11
shǒujī	手机	携帯電話	2
shòuhuòyuán			
	售货员	販売員	7補
shū	书	本	2
shūdiàn	书店	本屋	8
shuài	帅	かっこいい、イケメン	7
shuǐ	水	水	9
shuǐguǒ	水果	果物	9
shuìjiào	睡觉	寝る	4
shuō	说	話す	6
shuōhuà	说话	話をする	6
sì	四	4	3
suì	岁	~歳	3

T

tā	她	彼女	0
tā	他	彼	0
tāmen	她们	彼女ら	0
tāmen	他们	彼ら	0
Táiwān	台湾	台湾	1
tài...le	太~了	あまりにも~だ／~すぎる	5
tán gāngqín	弹 钢琴	ピアノを弾く	6補
Táobǎo	淘宝	タオバオ	11補
tī zúqiú	踢 足球	サッカーをする	6補
Tiānmāo	天猫	Tmall	11補
tiānqì	天气	天気	5
tiàowǔ	跳舞	ダンスをする	6補
tīng	听	聞く、聴く	6

tóngxué	同学	学友、クラスメート	2
túshūguǎn	图书馆	図書館	8 補

W

wán yóuxì	玩 游戏	ゲームをする	10 補
wǎn ān	晚安	おやすみ	4
wǎnfàn	晚饭	晩ご飯	4 補
wǎnshang	晚上	夜	4
wàn	万	万	3
Wēixìn	微信	WeChat(ウィーチャット: 通話アプリ)	3
Wēixìn zhīfù			
	微信支付	WeChat Pay	11 補
wèi	喂	もしもし、ねえ (電話では第二声で発音)	8
wǒ	我	私	0
wǒmen	我们	私たち	0
wǔ	五	5	3
wǔfàn	午饭	昼ご飯、ランチ	4 補

X

xīguā	西瓜	スイカ	11
xǐhuan	喜欢	好き、好む	6
xǐshǒujiān	洗手间	トイレ、お手洗い	8
xǐzǎo	洗澡	お風呂に入る	4 補
xià	下	～の下	8
		次の	9
xiàkè	下课	授業が終わる	4
xiàmiàn	下面	下	8
xiàwǔ	下午	午後	4
xià yǔ	下雨	雨が降る	5
xiàochē	校车	スクールバス	9 補
xiānsheng	先生	(男性へ)～さん	4
xiànzài	现在	今、現在	4
xiǎng	想	～したい	9
xiǎo	小	小さい	5
xiǎojiě	小姐	(若い女性へ)～さん	4
xiǎoshí	小时	時間	9
xiǎoxuéshēng			
	小学生	小学生	7 補
xiē	些	いくつか、少し	11
xiě	写	書く	9
xièxie	谢谢	ありがとう	3
xīngànxiàn	新干线	新幹線	9 補
xīngqī	星期	～曜日	4

xìng	姓	～という姓である	0
xiōngdì jiěmèi			
	兄弟姐妹	兄弟姉妹	7 補
xuédì	学弟	男の後輩	2 補
xuéjiě	学姐	女の先輩	2 補
xuémèi	学妹	女の後輩	2 補
xuésheng	学生	学生	1
xuéxí	学习	学習する、勉強する	9
xuéxiào	学校	学校	4
xuézhǎng	学长	男の先輩	2 補

Y

yǎnjìng	眼镜	メガネ	2 補
yánsè	颜色	色	6
yào	要	欲しい、要る	
		～したい	11
yào	药	薬	11
yéye	爷爷	父方の祖父	7 補
yě	也	～も	1
yī	一	1	3
yīfu	衣服	服	5
yīshēng	医生	医師	7
yīyuàn	医院	病院	8
yíxià	一下	ちょっと～する	7
yǐzi	椅子	椅子	2
yìxiē	一些	いくつか、少し	11
yīnyuè	音乐	音楽	6
yínháng	银行	銀行	8 補
yǐnliào	饮料	飲み物	6
Yīngyǔ	英语	英語	2 補
yóujú	邮局	郵便局	8 補
yóuyǒng	游泳	水泳をする	6
yǒu	有	有る、持っている	3
yòubian	右边	右	8 補
yuán	元	元(通貨の単位)	11
yuǎn	远	遠い	5 補
yuè	月	～月	4
yùndòng	运动	運動、スポーツ	6

Z

zázhì	杂志	雑誌	6 補
zài	在	(場所に)いる、ある	8
		～で(…する)	9
zàijiàn	再见	さようなら	1
zǎo	早	おはよう(挨拶)	4

zǎofàn	早饭	朝食	4
zěnme	怎么	どのように〜、どうやって〜	
			9
zěnmeyàng	怎么样	どうですか	5
zhàngfu	丈夫	夫	7
zhǎo	找	さがす	10
zhè	这	これ	2
zhège	这个	これ、この〜	5
zhèli	这里	ここ	8
zhèr	这儿	ここ	8
zhēn	真	本当に	5 補
zhī	只	〜匹(動物を数える単位)	7
Zhīfùbǎo	支付宝	Alipay	11 補
zhìyuànzhě huódòng	志愿者活动		
		ボランティア	10 補
Zhōngguó	中国	中国	1
Zhōngwén	中文	中国語	2 補
zhōngwǔ	中午	昼、正午	4

zhù	住	住む、滞在する	7
zhùzài	住在	〜に住んでいる	7
zhuōzi	桌子	机	2
zì	字	字	0
zìxíngchē	自行车	自転車	9
zǒng jīnglǐ	总经理	社長	7 補
zǒu	走	歩く、行く	7
zǒuzhe	走着	歩いて	9 補
zuì	最	最も	5 補
zuìjìn	最近	最近	5
zuótiān	昨天	昨日	4
zuǒbian	左边	左	8 補
zuò	坐	乗る、座る	9
zuò	做	〜する	7
zuòfàn	做饭	料理する	6
zuòcài	做菜	料理する	6
zuòyè	作业	宿題	10 補

中国語ポートフォリオ

使って学ぶ！
中国語コミュニケーション
—CEFR A1 レベル—
付属教材

学籍番号

名前

朝日出版社

◇目次

1．言語学習記録　・・・・・・・・・・・・・・・・・・・・・・・・・・・1
2．異文化体験の記録　・・・・・・・・・・・・・・・・・・・・・・・8
3．資料集　・・・・・・・・・・・・・・・・・・・・・・・・・・・・・・・・10
4．ヒント（名前・ピンインの調べ方、都道府県と都市名ほか）　・・・・・11
5．チェックシート　・・・・・・・・・・・・・・・・・・・・・・・・・・13
6．中国語Q＆A　・・・・・・・・・・・・・・・・・・・・・・・・・・・36
7．コミュニケーション・シート　・・・・・・・・・・・・・・・・・40
8．Can-do評価シート　・・・・・・・・・・・・・・・・・・・・・・・48

◇ポートフォリオを使った学習と評価

《学習ポートフォリオとは》

　ポートフォリオは、自己の学びを管理したり、他者にそれを示したりするために、学習過程や体験の記録、ふりかえり、自己／他者評価、学習成果物などを収集しておくツールです。

《使い方》

　「言語学習記録」は目標設定やふりかえり等、自分の学習過程を意識化し、内省するために使います。学習開始時、中間テスト前後、学期末等、それぞれの段階に応じて記入しましょう。授業内外で中国に関する異文化体験をしたら、「異文化体験の記録」に書き留めておきましょう。また、自分の学習過程や成果を示すために必要だと思う物は、自己判断でポートフォリオに追加し、リスト（「資料集」）を作成しましょう。「チェックシート」等の各種シートは、授業内の空き時間や、授業外での予習・復習、到達度の自己／他者評価等に活用してください。

《ポートフォリオ評価》

　ポートフォリオは、自律学習を促進するとともに、皆さんの学びの過程を評価するためにも用いられます。中国語の学習とは、単に頭の中に知識をつめ込むことではなく、中国語を通して、自分と〈社会や道具、他者〉との関係性を変化させていく過程でもあるからです。

　こうした学びの体験は、学校での客観式テストの点数だけで測れるものではありません。ポートフォリオで評価することは、学校化され、社会と切り離された学びではなく、皆さんの社会的実践への参加の過程に対する「真正の評価」を行うことでもあるのです。

◆小テストの結果

発音編	第1課	第2課	第3課	第4課	第5課

第6課	第7課	第8課	第9課	第10課	第11課

学籍番号　　　　　　　　名前

1．中国語学習歴
　　□無　　　□有　　┌ 1,　　　　　　　　で　　　　年 ┐
　　　　　　　　└→ │ 2,　　　　　　　　で　　　　年 ┘　　　┌ 例：高校で1年 ┐

2．中国・台湾・香港に旅行あるいは留学をしたことはありますか。
　　□無　　　□有　　┌ 行った場所：　　　　　　　　　　　　　　　 ┐
　　　　　　　　└→ │
　　　　　　　　　　└ 目的：旅行・留学・研修・その他（　　　　　　　　　　）┘

3．中国語母語話者（中国人や台湾人等）の友人や知人はいますか。☑

　　　　□いません　　　　　　□います　＿＿＿＿＿＿人

4．あなたは中国語母語話者と交流したいですか☑（1つ選択）
□とても　　　□やや　　　□どちらともいえない　　　□あまり　　　□まったく

5．あなたは、どれくらいのレベルの中国語能力を目標にしますか。☑（1つ選択）
□専門的な話題に対応できる　　　□日常会話に困らない　　　□簡単な日常会話ができる
□ごく基本的な意思疎通ができる　　　□あいさつや自己紹介程度

6．あなたが中国語を選択した理由を教えてください。

7．この授業で先生に望むことを自由に書いてください。

学籍番号　　　　　　　　　名前

１．私にとって、中国語の能力を身につけることの重要性。☑（１つ選択）
　□とても　　　　□やや　　　　□どちらともいえない　　　　□あまり　　　　□まったく

２．あなたは、どのような形式の講義・活動が好きですか。☑（複数選択可）
□発音の練習　　　　　　□文法の説明　　　　□ドリル　　　　□リスニング
□ペアでの会話練習　　　□グループ活動　　　□ゲーム　　　　□確認テスト（小テスト）
□読解　　　　　　　　　□作文　　　　　　　□暗唱　　　　　□書き取り練習
□文化紹介　　　　　　　□発表（スピーチ・プレゼン）　　　　□映像や音楽を使う学習
□ネイティブとの交流　　□その他（　　　　　　　　　　　　　　　　　　　　　）

３．あなたは、中国語のどの技能を伸ばしたいですか。☑（複数選択可）
　□聞く　　　　□読む　　　　□話す（発表）　　　□話す（やりとり）　　　□書く（作文）
　□書く（書面や SNS 等でのやりとり）　　　　　□仲介（言語・文化間の架け橋）

４．あなたは、どのような場面で使える中国語能力を身につけたいですか。☑（複数選択可）
□中国での生活（留学など）　　　□留学生との交流　　　　　　□観光客への案内
□アルバイト先での接客　　　　　□友人・知人との交流　　　　□将来の職場
□旅行（中国や台湾など）　　　　□インターネットでのやりとり□海外出張・赴任
□その他（場面や具体例などを下に書いてください）

５．あなたは大学四年間や卒業後に、どんなところで中国語圏の人と遭遇したり、中国語を話したりする可能性があると思いますか。できるだけたくさん書きましょう。

学籍番号　　　　　　　　名前

1．発音の自己評価（★☆☆今後の課題　★★☆ある程度できる　★★★うまくできる）

ピンインを読み間違えずに発音できる	☆☆☆
中国語らしい発音ができる（そり舌音など）	☆☆☆
声調を言い分けたり、聞き分けたりできる	☆☆☆

2．あなたは中国語を使ってどんなことができるようになりたいですか。未来の理想的な姿を描いてみましょう。（例：私は〜できるようになりたい／〜したい）

3．この理想像に近づくために必要な自分の努力を書きましょう。

4．今現在中国語学習で困っていることや不安なこと、あるいは先生に要望したいことなどがあれば、自由に書いてください（冊子を提出できない場合は、コピーまたは別紙を提出）。

先生のコメント

学籍番号　　　　　　　　名前

１．私は外国語を学ぶには、次の方法が特に重要だと思う。☑（複数選択可）

□たくさん聞く　　　　□たくさん書く　　　　　　□声に出して練習する
□たくさん読む　　　　□作文をする　　　　　　　□練習問題を解く
□まず文法を身につける　□会話して実践的に覚える　□アプリを使う
□検定試験を受ける　　□友達と一緒に学ぶ　　　　□文化に触れる
□母語話者と友達になる　□その他（　　　　　　　　　　　　　　　　　　）

２．授業外の学修と、大学での「単位」について確認しましょう。

《クイズ》
　大学設置基準では、1単位あたり45時間の学修が必要とされています。（授業時間は慣例的に90分で2時間と計算されているため）例えば、授業回数が15回で1単位の語学授業では、授業内で30時間、残りの15時間を授業外で学修する必要があります。
　では、この授業で求められる、授業外の学修時間は週平均何時間でしょうか。

　　　（授業外学修の総時間: ＿＿＿＿時間）　　週あたりの平均: ＿＿＿＿時間*

３．週あたりに必要な授業外学修の時間を達成するために、なにができるかをクラスメートや先生と相談して書きましょう（なお、机に向かう予習・復習やテスト勉強だけが学修とは限りません。この教科書では、授業外での異文化体験とポートフォリオの作成を重視しています。教科書 p.8 を参照して、自分にできそうなことに取り組み、授業外学習時間に含めましょう）。

□予習・復習にとりくむ　　□コミュニティーに参加する　　□異文化体験をする
□検定試験にとりくむ　　　□ポートフォリオを作成する　　□その他　　　　　　
□先生に宿題や課題をたくさん出してもらいたい

〈具体例〉　　（例：私は〜にとりくみたい。）

（＊単位修得に必要とされる授業外学修には、テスト勉強やレポート作成等の時間も含まれます。それを含めた上で、あなたに足りていない学修時間はあとどれくらいなのかも計算してみましょう。）

学籍番号　　　　　　　　　名前

１．中間（または前期）テストの点数について私は

□満足している　□やや満足している　　□やや満足していない　□満足していない

２．【目標】私は期末（または後期）試験で＿＿＿＿＿点以上取りたい。

３．良かったと思う勉強方法

４．クラスメートにどんな勉強方法が良かったか聞いてみましょう。そのうえで、期末（後期）試験に向けて、もっとこうすればよかった、あるいは今後やってみたいと思うことを書きましょう。

学籍番号　　　　　　　　名前

1．中国語のネイティブと接する機会（先生を除く）
・学内
　　□よくある　　□ややある　　□たまにある　　□ほとんどない　□全くない

・学外
　　□よくある　　□ややある　　□たまにある　　□ほとんどない　□全くない

2．授業外で中国語を使った経験
・知人・友人と
　　　　　□ある　　　　　　　　　　　　□ない

・知らない人（観光客等）と
　　　　　□ある（問3に答えて下さい）　　□ない

3．（日本語の通じない中国語話者と話した経験が有る場合）あなたは具体的にどのような方法でコミュニケーションをとろうとしましたか。☑（複数選択可）
□中国語で対応した　　　□英語で対応した　　　　□スマートフォンや辞書で調べた
□筆談した　　　　　　　□身振り（ジェスチャー）で示した
□あきらめた　　　　　　□他の人に頼った　　　□その他：

4．これまでに学外で中国語話者と遭遇した経験について、周りの人と話し合いましょう。そのうえで、あなたが今後、国内で中国語話者とうまく交流するために、どのような工夫が必要か書きましょう。

学籍番号　　　　　　　　　　名前

1．できるようになったこと／満足していること／よかったこと（例：私は中国語を使って〜ができるようになった）

2．p.3で書いた目標と比べて、まだ不十分な点

3．これまでに学んだ中国語を活かして、これからどんなことに取り組んでいきたいですか。できる範囲のことで、いろいろ想像して書きましょう。

・授業内や教室の外で、中国語話者や中国の社会・文化・言語（コミュニティー、映像、音声、表示、料理、観光、その他・・・）に触れた体験を記録し、そこでの学びや気づき、学習や異文化に対する自分の態度への影響を書きましょう。

（体験の例）

日付	内容
４月２３日	英語の授業で、留学生の王君と知り合いました。中国語で自分の名前を紹介したら、ちょっと仲良くなりました。もっとたくさん中国語で話してみたいです。
５月　５日	ゴールデンウィーク中に中国ドラマ「ツンデレ王子のシンデレラ」を見ました。甘酸っぱさと切なさにキュンキュンして、最後まで一気に見てしまいました。
７月　２日	バイト先に来た中国人観光客に写真撮影を頼まれたので、中国語で「一，二，三」と言って写真を撮ってあげたら、とても喜ばれました。少しでも中国語を・・・
１０月　９日	後期の中国語サロンに参加しました。留学生や他の参加者たちと中国語を使ったゲームをして、とても盛り上がりました。中国語の勉強にもなったし、新しい…

日付	内容
月　　　日	
月　　　日	
月　　　日	

月　　　日	
月　　　日	
月　　　日	
月　　　日	
月　　　日	
月　　　日	

＊足りなければコピーして使うか、別紙、Word 等で作成してください。または先生の指示に従って
学校の LMS（学習管理システム）に投稿してください。

◆資料集

学籍番号　　　　　　　　　名前

　あなたの中国語の学習過程や中国語に関する成果を示すために、重要だと思う物を収集（ファイルフォルダ等に収納、または PC に保存）してリストを作りましょう。

《収録するものの例》
- 学習のために作った資料
- 作文や発表原稿
- 検定試験等の結果（コピー）
- 音声や映像の記録
- レポートやインタビュー
- 先生からの評価
- プロジェクトの成果物
- 中国語コミュニティーへの参加の記録
- 交流会等の資料
- 写真（料理、旅行、街中の中国語、交流など）
- 視聴した音楽や映像のリスト
- メールやはがき
- その他

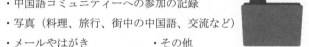

　（実際に何を収集し、提出するかは自己判断してください。なお、提出物は返却されます。）

リスト

No	タイトル	メモ（説明・選んだ理由・日付等）
1		
2		
3		
4		
5		
6		
7		
8		
9		
10		

＊足りなければコピーして使うか、別紙、Word 等で作成してください。

ヒント

◆名前・ピンインの調べ方の例（Google 翻訳を使った簡単な調べ方）

1. ブラウザ、またはアプリで Google 翻訳を開く。

2. 左：中国語、右：中国語(簡体)を選択する。

3. 日本語の漢字で名前を入力して、⊖を押すと、簡体字とピンインが表示されます*。音声マークを押すと音が流れます。

→ピンインの**姓と名の一文字目は大文字**で書きましょう。

＊Google 翻訳を使ったこの方法では、正しい簡体字やピンインが出ない場合があります。最終的には先生に確認してもらいましょう。

△注意
・名前に**ひらがな**や**カタカナ**がある人は、自分で当てはまる漢字を考えましょう。
・"々"の字は基本的に使いません。たとえば佐々木の場合は、佐佐木にしましょう。

◆辞書の利用

スマートフォンで使える辞書やアプリはいくつか有ります。より詳しい用例や単語の意味を調べたいときには、**Google 翻訳ではなく、辞書を調べましょう**。

◆簡体字を入力する方法 (OS のバージョンによって操作が異なる可能性が有ります)

iOS：「設定」「一般」「キーボード」「キーボード」「新しいキーボードを追加」から、「中国語（簡体字）」を選択し、「拼音－QWERTY」「手書き」をチェック。→文字入力画面で、地球アイコンを長押しして、「簡体拼音」または「簡体手写」を選択。

Android：「Gboard」（入っていなければGoogle Playから）で、「中国語（簡体）」の「ピンイン」および「手書き」入力を有効にする。→文字入力画面で、地球アイコンをタップまたは長押しして選択。

Windows10：左下の「スタート」をクリックして、「設定」「時刻と言語」「言語」「優先する言語を追加する」へと進み、「中文（中華人民共和国）」をインストールする。

△ü を入力するには、v を押します。

◆都道府県と都市名　　　　　　　　　　　◇（補充）中国周辺地図と地名

QRコードから、音声を確認しましょう。

✓	中国語	日本語	✓	中国語	日本語
	北海道(Běihǎidào)	北海道		三重(Sānchóng)	三重
	青森(Qīngsēn)	青森		滋賀(Zīhè)	滋賀
	岩手(Yánshǒu)	岩手		京都(Jīngdū)	京都
	宮城(Gōngchéng)	宮城		大阪(Dàbǎn)	大阪
	秋田(Qiūtián)	秋田		兵庫(Bīngkù)	兵庫
	山形(Shānxíng)	山形		神户(Shénhù)	神戸
	福島(Fúdǎo)	福島		奈良(Nàiliáng)	奈良
	茨城(Cíchéng)	茨城		和歌山(Hégēshān)	和歌山
	栃木(Lìmù)	栃木		鸟取(Niǎoqǔ)	鳥取
	群马(Qúnmǎ)	群馬		岛根(Dǎogēn)	島根
	埼玉(Qíyù)	埼玉		冈山(Gāngshān)	岡山
	千叶(Qiānyè)	千葉		广岛(Guǎngdǎo)	広島
	东京(Dōngjīng)	東京		山口(Shānkǒu)	山口
	神奈川(Shénnàichuān)	神奈川		德岛(Dédǎo)	徳島
	横滨(Héngbīn)	横浜		香川(Xiāngchuān)	香川
	新潟(Xīnxì)	新潟		爱媛(Àiyuán)	愛媛
	富山(Fùshān)	富山		高知(Gāozhī)	高知
	石川(Shíchuān)	石川		福冈(Fúgāng)	福岡
	福井(Fújǐng)	福井		佐贺(Zuǒhè)	佐賀
	山梨(Shānlí)	山梨		长崎(Chángqí)	長崎
	长野(Chángyě)	長野		熊本(Xióngběn)	熊本
	岐阜(Qífù)	岐阜		大分(Dàfēn)	大分
	静冈(Jìnggāng)	静岡		宫崎(Gōngqí)	宮崎
	爱知(Àizhī)	愛知		鹿儿岛(Lùérdǎo)	鹿児島
	名古屋(Mínggǔwū)	名古屋		冲绳(Chōngshéng)	沖縄

＊出身学生が多そうな都道府県名や都市名をチェックしておきましょう。

チェックシートの使い方

チェックシートは、普段の予習・復習のほか、授業の空き時間などに活用しましょう。まずは自分で覚えてから、ペアで冊子を交換して相互チェックをします。

Quizlet について

各チェックシートに貼られた QR コードから、外部サイト（Quizlet）を利用した学習が可能です。

Quizlet は、誰でも無料で登録せずに使えますが、アカウントを登録することでより便利に使うことができます。PC、スマートフォン（アプリ・ブラウザ）で利用可能です。

《Quizlet を使った学習の例》

①フラッシュカード
　・「単語カード」は、単語や会話表現を覚えるためのフラッシュカードとして活用できます。

②音声の自動再生
　・「単語カード」のオプションで、「音声の自動再生」をオンにしたうえで再生ボタンを押せば、そのシートの中国語と日本語を交互に流すことができます。

③ゲーム
　・「マッチ」からゲームに挑戦しましょう。ペアのカードをすばやくそろえて、スコアを競います。

④その他
　・「学習」「テスト」などで、習得状況をチェックしましょう。

クラスの QR
すべてのチェックシートは、ここにまとめられています

https://quizlet.com/class/11398863/
クラスの閲覧

https://quizlet.com/join/ZsuvbCeE9
クラスへ参加（要アカウント）

チェックシート（第0課、第1課）

方法
・一人が（**順番を変えて**）日本語／中国語を読み、もう一人がそれを中国語／日本語にする。
・順番はランダムで入れ替える。

Quizlet(単語)

次頁の評価基準をもとに評価しましょう。

（単語）

	中国語	日本語	自己練習	✓ 1	△ 2	× 3
1	我 wǒ	私				
2	我们 wǒmen	私たち				
3	你 nǐ	あなた				
4	您 nín	あなた（敬称）				
5	你们 nǐmen	あなたたち				
6	他／她 tā	彼／彼女				
7	他们／她们 tāmen	彼ら／彼女ら				
8	学生 xuésheng	学生				
9	老师 lǎoshī	先生				
10	留学生 liúxuéshēng	留学生				
11	中国 Zhōngguó	中国				
12	中国人 Zhōngguórén	中国人				
13	台湾 Táiwān	台湾				
14	日本 Rìběn	日本				
15	美国 Měiguó	アメリカ				
16	北京 Běijīng	北京				
17	上海 Shànghǎi	上海				
18	东京 Dōngjīng	東京				
19	哪里 nǎli	どこ				
20	也 yě	～も				
	点数（20点満点）					
	評価者のサイン					

CHECK

Quizlet(会話)

（会話表現）

	中国語	日本語	自己練習	✓ 1	△ 2	× 3
1	Nǐ jiào shénme míngzi? 你 叫 什么 名字？	あなたの名前はなんと言いますか。				
2	Nín guìxìng? 您 贵姓？	姓は何とおっしゃいますか？（丁寧な姓の聞き方）				
3	Nǐ shì Rìběnrén ma? 你 是 日本人 吗？	あなたは日本人ですか。				
4	Shìde, wǒ shì Rìběnrén. 是 的，我 是 日本人。	はい、私は日本人です。				
5	Nǐ shì Zhōngguórén ma? 你 是 中国人 吗？	あなたは中国人ですか。				
6	Búshì, wǒ shì Měiguórén. 不是，我 是 美国人。	いいえ、私はアメリカ人です。				
7	Nǐ yě shì xuésheng ma? 你 也 是 学生 吗？	あなたも学生ですか。				
8	Nǐ shì nǎli rén? 你 是 哪里人？	ご出身は？				
9	Wǒ shì Dōngjīngrén. 我 是 东京人。	私は東京出身です。				
10	Tā yě shì Běijīngrén. 她 也 是 北京人。	彼女も北京出身です。				
		点数（10点満点）				
		評価者のサイン				

- 15 -

チェックシート（第2課）

方法
・一人が日本語／中国語を読み、もう一人がそれを中国語／日本語にする。
・順番はランダムで入れ替える。

Quizlet(単語)

（単語）

	中国語	日本語	自己練習	✓ 1	△ 2	× 3
1	这 zhè	これ、この				
2	那 nà	それ、その／あれ、あの				
3	哪 nǎ	どれ、どの				
4	什么 shénme	何				
5	谁 shéi	誰				
6	杯子 bēizi	コップ				
7	笔 bǐ	ペン				
8	电脑 diànnǎo	パソコン				
9	苹果 píngguǒ	リンゴ				
10	手机 shǒujī	携帯				
11	书 shū	本				
12	桌子 zhuōzi	机				
13	椅子 yǐzi	椅子				
14	朋友 péngyou	友達				
15	同学 tóngxué	学友、クラスメート				
16	汉语 Hànyǔ	中国語				
17	都 dōu	すべて、みな				
	点数（17点満点）					
	評価者のサイン					

Quizlet(会話)

（会話表現）

	中国語	日本語	自己練習	✓ 1	△ 2	× 3
1	Nà shì shénme? 那 是 什么？	あれは何ですか。				
2	Nà shì diànnǎo. 那 是 电脑。	あれはパソコンです。				
3	Zhè shì nǐ de bēizi ma? 这 是 你的杯子 吗？	これはあなたのコップですか。				
4	Zhè búshì wǒ de bēizi. 这 不是 我的杯子。	これは私のコップではありません。				
5	Tā shì shéi? 他 是 谁？	彼は誰ですか。				
6	Tā shì wǒ tóngxué. 他 是 我 同学。	彼は私の同級生です。				
7	Tā shì wǒ péngyou. 他 是 我 朋友	彼は私の友達です。				
8	Tā shì wǒmen lǎoshī. 他 是 我们 老师。	彼は私たちの先生です。				
9	Wǒmen dōu shì Rìběnrén. 我们 都 是 日本人。	私たちはみな日本人です。				
10	你呢？Nǐ ne?	あなたは？				
	CHECK	点数（10点満点）				
		評価者のサイン				

方法
・一人が日本語／中国語を読み、もう一人がそれを中国語／日本語にする。
・順番はランダムで入れ替える。

Quizlet(単語)

（単語）

	中国語	日本語		自己練習	✓	△	×
					1	2	3
1	几 jǐ	いくつ（10以下を予想）					
2	多少 duōshao	いくつ（数に制限はない）					
3	多大 duōdà	いくつ（年齢を聞く）					
4	今年 jīnnián	今年					
5	岁 suì	～歳					
6	年级 niánjí	学年、～年生					
7	有 yǒu	…が有る／…を持っている					
8	没有 méiyǒu	…が無い／…を持っていない					
9	微信 Wēixìn	WeChat（ウィーチャット）					
10	号 hào	番号					
11	一百 yìbǎi	100					
12	一百零一 yìbǎi líng yī	101					
13	一百一(十)yìbǎiyī(shí)	110					
14	二百 èrbǎi ／两百 liǎngbǎi	200					
15	一千一(百)yìqiān yī(bǎi)	1100					
16	两千 liǎng qiān	2000					
17	两万 liǎng wàn	20000					
	点数（17点満点）						
	評価者のサイン						

CHECK

発展 一千一は1100。では、1001や1010はどう言う？
→1001は"一千零一"（零は一回だけ！）　1010は"一千零一十"と言います。

Quizlet(会話)

（会話表現）

		中国語	日本語	自己練習	✓ 1	△ 2	× 3
1	Nǐ jīnnián duōdà? 你 今年 多大?	（同年代や比較的若い人に）いくつですか。				
2	Nǐ jīnnián jǐ suì? 你 今年 几 岁?	（10歳以下の子どもに）いくつ?				
3	Wǒ shíjiǔ suì 我 十九 岁。	私は19歳です。				
4	Wǒ búshì èrshí suì. 我 不是 二十 岁。	私は20歳ではありません。				
5	Nǐ jǐ niánjí? 你 几 年级?	あなたは何年生ですか。				
6	Wǒ yī niánjí. 我 一 年级。	私は一年生です。				
7	Wǒ búshì èr niánjí. 我 不是 二 年级。	私は二年生ではありません。				
8	Nǐ yǒu diànnǎo ma? 你 有 电脑 吗?	あなたはパソコンを持っていますか。				
9	Wǒ méiyǒu diànnǎo. 我 没有 电脑。	私はパソコンを持っていません。				
10	Nǐ de shǒujī hào shì duōshao? 你 的手机 号 是 多少?	あなたの携帯番号は何番ですか。				
CHECK			点数（10点満点）				
			評価者のサイン				

発展 目上の大人や年配者に年齢をたずねるときは、岁数 suìshu、年纪 niánjì を付けて、
"您多大岁数（了）？" "您多大年纪（了）？" などと言います。

チェックシート（第4課）

方法
・一人が日本語／中国語を読み、もう一人がそれを中国語／日本語にする。
・順番はランダムで入れ替える。

Quizlet(単語)

（単語）

	中国語	日本語	自己練習	✓ 1	△ 2	× 3
1	昨天 zuótiān	昨日				
2	今天 jīntiān	今日				
3	明天 míngtiān	明日				
4	每天 měitiān	毎日				
5	上午 shàngwǔ	午前				
6	中午 zhōngwǔ	昼、正午				
7	下午 xiàwǔ	午後				
8	晚上 wǎnshang	夜				
9	起床 qǐchuáng	起きる				
10	吃饭 chī fàn	ごはんを食べる				
11	吃早饭 chī zǎofàn	朝食を食べる				
12	去 qù	行く				
13	来 lái	来る				
14	学校 xuéxiào	学校				
15	上课 shàngkè	授業に出る／が始まる／ある				
16	下课 xiàkè	授業が終わる				
17	看 电视 kàn diànshì	テレビを見る				
18	打工 dǎgōng	アルバイトをする				
19	回家 huíjiā	家に帰る				
20	睡觉 shuìjiào	寝る				
	CHECK	点数（20点満点）				
		評価者のサイン				

Quizlet(会話)

（会話表現）

	中国語	日本語	自己練習	✓ 1	△ 2	× 3
1	Jīntiān jǐ yuè jǐ hào? 今天　几月　几号？	今日は何月何日ですか。				
2	Jīntiān xīngqī jǐ? 今天　星期　几？	今日は何曜日ですか。				
3	Jīntiān xīngqī tiān. 今天　星期　天。	今日は日曜日です。				
4	Nǐ kàn diànshì ma? 你 看 电视　吗？	あなたはテレビを見ますか。				
5	Wǒ dǎgōng. 我 打工。	私はアルバイトをします。				
6	Wǒ bù chī zǎofàn. 我 不 吃　早饭。	私は朝ご飯を食べません。				
7	Xiànzài jǐ diǎn? 现在　几 点？	今何時ですか。				
8	Xiànzài liǎng diǎn wǔshí fēn. 现在　两　点　五十　分。	今2時50分です。				
9	Nǐ jǐ diǎn huíjiā? 你 几 点　回 家？	あなたは何時に家に帰りますか。				
10	Wǒ wǔ diǎn bàn huíjiā. 我 五 点 半　回家。	私は5時半に家に帰ります。				
	CHECK	点数（10点満点）				
		評価者のサイン				

- 21 -

チェックシート（第5課）

方法
・一人が日本語／中国語を読み、もう一人がそれを中国語／日本語にする。
・順番はランダムで入れ替える。

Quizlet(単語)

(単語)

	中国語	日本語	自己練習	✓ 1	△ 2	× 3
1	大 dà	大きい				
2	小 xiǎo	小さい				
3	多 duō	多い				
4	少 shǎo	少ない				
5	热 rè	熱い、暑い				
6	冷 lěng	寒い				
7	高兴 gāoxìng	うれしい				
8	漂亮 piàoliang	美しい、きれい				
9	好看 hǎokàn	見た目がよい、きれい				
10	好吃 hǎochī	（食べて）美味しい				
11	好喝 hǎohē	（飲んで）美味しい				
12	很 hěn	（とても）				
13	非常 fēicháng	非常に				
14	不太 bútài	あまり〜ない				
15	太〜了 tài…le	あまりにも〜だ／〜すぎる				
16	这个 zhège(zhèige)	この、これ				
17	那个 nàge(nèige)	その、それ　あの、あれ				
18	哪个 nǎge(něige)	どの、どれ				
19	衣服 yīfu	服				
20	怎么样 zěnmeyàng	どうですか				

点数（20点満点）			
評価者のサイン			

Quizlet(会話)

（会話表現）

	中国語	日本語	自己練習	✓ 1	△ 2	× 3
1	Tā hěn piàoliang. 她 很 漂亮。	彼女はきれいです。				
2	Jīntiān fēicháng rè. 今天 非常 热。	今日は非常に暑いです。				
3	Míngtiān bútài rè. 明天 不太 热。	明日はあまり暑くありません。				
4	Tā jīntiān bù gāoxìng. 她 今天 不 高兴。	彼女は今日機嫌が悪い。				
5	Zhège yīfu hǎokàn ma? 这个 衣服 好看 吗？	この服は見た目が良いですか。				
6	Nàge píngguǒ tài hǎochī le. 那个 苹果 太 好吃 了。	そのリンゴは美味しすぎです。				
7	Zuìjìn zěnmeyàng? 最近 怎么样？	最近どう？				
8	Jīntiān tiānqì zěnmeyàng? 今天 天气 怎么样？	今日の天気はどうですか。				
9	Míngtiān xià yǔ ma? 明天 下雨 吗？	明日は雨が降りますか。				
10	Míngtiān bú xià yǔ. 明天 不 下雨。	明日は雨が降りません。				
		点数（10点満点）				
		評価者のサイン				

- 23 -

チェックシート（第6課）

方法
- 一人が日本語／中国語を読み、もう一人がそれを中国語／日本語にする。
- 順番はランダムで入れ替える。

Quizlet(単語)

（単語）

	中国語		日本語	自己練習	✓ 1	△ 2	× 3
1	唱歌 chànggē		歌を歌う				
2	听 音乐 tīng yīnyuè		音楽を聴く				
3	看(读)书 kàn(dú) shū		読書をする				
4	看 电影 kàn diànyǐng		映画を見る				
5	聊天 liáotiān		おしゃべり				
6	做 饭(菜)zuò fàn(cài)		料理する				
7	运动 yùndòng		運動、スポーツ				
8	游泳 yóuyǒng		水泳をする				
9	旅游 lǚyóu 旅行 lǚxíng		旅行する				
10	喜欢 xǐhuan		好き				
11	爱 ài		好む、愛する				
12	猫 māo		猫				
13	狗 gǒu		犬				
14	开车 kāichē		車を運転する				
15	说中文 shuō Zhōngwén		中国語を話す				
16	说话 shuōhuà		話をする				
17	会 huì		（習得して）〜できる				
18	能 néng	（能力があって、または条件的に）〜できる。					
19	爱好 àihào		趣味、好み				
20	和 hé		〜と				
			点数（20点満点）				
			評価者のサイン				

- 24 -

評価基準

✓：すぐ（1秒以内）に答えられた。（1点）

△：5秒以内に答えられた。（0.5点）

×：それ以上かかった／答えられなかった。（0点）

Quizlet(会話)

（会話表現）

	中国語	日本語	自己練習	✓	△	×
				1	2	3
1	Nǐ de àihào shì shénme? 你 的 爱好 是 什么?	あなたの趣味は何ですか。				
2	Wǒ de àihào shì kàn diànyǐng. 我 的 爱好 是 看 电影。	私の趣味は映画を見ることです。				
3	Nǐ yǒu shénme àihào? 你 有 什么 爱好?	あなたにはどんな趣味がありますか。				
4	Wǒ xǐhuan chànggē. 我 喜欢 唱歌。	私は歌を歌うことが好きです。				
5	Nǐ xǐhuan māo ma? 你 喜欢 猫 吗?	あなたは猫が好きですか。				
6	Wǒ xǐhuan māo. 我 喜欢 猫。	私は猫が好きです。				
7	Wǒ bù xǐhuan gǒu. 我 不 喜欢 狗。	私は犬が好きではありません。				
8	Nǐ huì shuō Zhōngwén ma? 你 会 说 中文 吗?	あなたは中国語を話せますか。				
9	Wǒ huì kāichē. 我 会 开车。	私は車を運転できます。				
10	Wǒ néng qù xuéxiào. 我 能 去 学校。	私は学校へ行くことができます。				
	点数（10点満点）					
	評価者のサイン					

- 25 -

方法
・一人が日本語／中国語を読み、もう一人がそれを中国語／日本語にする。
・順番はランダムで入れ替える。

Quizlet(単語)

（単語）

	中国語	日本語	自己練習	✓ 1	△ 2	× 3
1	爸爸 bàba	父				
2	妈妈 māma	母				
3	哥哥 gēge	兄				
4	姐姐 jiějie	姉				
5	弟弟 dìdi	弟				
6	妹妹 mèimei	妹				
7	孩子 háizi	子供				
8	女儿 nǚ'ér	娘				
9	儿子 érzi	息子				
10	丈夫 zhàngfu	夫				
11	妻子 qīzi	妻				
12	医生 yīshēng	医者				
13	大学生 dàxuéshēng	大学生				
14	个 ge	人や物一般を数える単位				
15	口 kǒu	家族の人数を数える単位				
16	本 běn	冊：本や雑誌を数える単位				
17	只 zhī	匹：動物を数える単位				
18	住在 zhùzài	〜に住んでいる				
19	哪儿 nǎr	どこ				
20	工作 gōngzuò	動 仕事をする　名 仕事				
	点数（20点満点）					
	評価者のサイン					

CHECK

Quizlet(会話)

（会話表現）

	中国語	日本語	自己練習	✔ 1	△ 2	× 3
1	Nǐ zhùzài nǎr? 你 住在 哪儿?	あなたはどこに住んでいますか。				
2	Wǒ zhùzài Dōngjīng. 我 住在 东京。	私は東京に住んでいます。				
3	Nǐ jiā yǒu jǐ kǒu rén? 你 家 有 几 口 人?	あなたは何人家族ですか。				
4	Wǒ jiā yǒu yì zhī gǒu. 我 家 有 一只 狗。	私の家には犬が一匹います。				
5	Tā yǒu jǐ ge háizi? 她 有 几 个 孩子?	彼女には何人の子供がいますか。				
6	Tā yǒu liǎng ge háizi. 她 有 两 个 孩子。	彼女には二人の子供がいます。				
7	Nǐ yǒu jǐ běn Hànyǔ shū? 你 有 几 本 汉语书?	あなたは何冊中国語の本を持っていますか。				
8	Wǒ yǒu wǔ běn Hànyǔ shū. 我 有 五 本 汉语书。	私は5冊中国語の本を持っています。				
9	Nǐ gēge zuò shénme gōngzuò? 你 哥哥 做 什么 工作?	あなたのお兄さんは何の仕事をしていますか。				
10	Tā shì yīshēng. 他 是 医生。	彼は医者です				
	点数（10点満点）					
	評価者のサイン					

チェックシート（第8課）

Quizlet(単語)

（単語）

	中国語	日本語	自己練習	✓ 1	△ 2	× 3
1	这儿 zhèr／这里 zhèli	ここ				
2	那儿 nàr／那里 nàli	そこ、あそこ				
3	哪儿 nǎr／哪里 nǎli	どこ				
4	商店 shāngdiàn	店				
5	医院 yīyuàn	病院				
6	饭馆 fànguǎn	レストラン				
7	车站 chēzhàn	駅、バスターミナル				
8	火车站 huǒchēzhàn	鉄道の駅				
9	饭店 fàndiàn	ホテル、レストラン				
10	洗手间 xǐshǒujiān	トイレ、お手洗い				
11	书店 shūdiàn	本屋				
12	前面 qiánmiàn	前				
13	后面 hòumiàn	後ろ				
14	旁边 pángbiān	傍ら、そば、となり				
15	附近 fùjìn	近く、付近				
16	-里 li ／ 里面 lǐmiàn	～のなか				
17	-上 shang／上面 shàngmiàn	～の上				
18	-下 xia ／下面 xiàmiàn	～の下				
19	在 zài	～にある／いる				
20	喂 wéi	もしもし				
	点数（20点満点）					
	評価者のサイン					

Quizlet(会話)

（会話表現）

	中国語	日本語	自己練習	✓ 1	△ 2	× 3
1	Nǐ zài xuéxiào ma? 你 在 学校 吗?	あなたは学校にいますか。				
2	Wǒ búzài xuéxiào. 我 不在 学校。	私は学校にいません。				
3	Yīyuàn zài nǎr? 医院 在 哪儿?	病院はどこですか。				
4	Yīyuàn zài chēzhàn qiánmiàn. 医院 在 车站 前面。	病院は駅の前です。				
5	Chēzhàn fùjìn yǒu shénme? 车站 附近 有 什么?	駅の近くには何がありますか。				
6	Chēzhàn qiánmiàn yǒu yíge yīyuàn. 车站 前面 有 一个 医院。	駅の前には一つの病院があります。				
7	Chēzhàn li yǒu xǐshǒujiān ma? 车站 里 有 洗手间 吗?	駅の中にはトイレがありますか。				
8	Chēzhàn li méiyǒu xǐshǒujiān. 车站 里 没有 洗手间。	駅の中にトイレはありません。				
9	Xiǎogǒu zài yǐzi xia. 小狗 在 椅子下。	子犬は椅子の下にいます。				
10	Wǒ xiǎng qù yīyuàn. 我 想 去 医院。	私は病院に行きたいです。				
			点数（10点満点）			
			評価者のサイン			

CHECK

方法
・一人が日本語／中国語を読み、もう一人がそれを中国語／日本語にする。
・順番はランダムで入れ替える。

Quizlet（単語）

（単語）

	中国語	日本語	自己練習	✓ 1	△ 2	× 3
1	坐 火车 zuò huǒchē	電車で				
2	坐 地铁 zuò dìtiě	地下鉄で				
3	坐 出租车 zuò chūzūchē	タクシーで				
4	坐 飞机 zuò fēijī	飛行機で				
5	骑自行车 qí zìxíngchē	自転車で				
6	坐 公共汽车 zuò gōnggòng qìchē	バスに乗って				
7	买东西 mǎi dōngxi	買い物をする				
8	回来 huílai	帰ってくる				
9	喝 hē	飲む				
10	写 xiě	書く				
11	学习 xuéxí	学習する、勉強する				
12	茶 chá	お茶				
13	水 shuǐ	水				
14	水果 shuǐguǒ	果物				
15	米饭 mǐfàn	（お米の）ご飯				
16	怎么 zěnme	どのように				
17	什么时候 shénme shíhou	いつ				
18	多长时间 duōcháng shíjiān	どれくらい（の時間）				
19	想 xiǎng	〜したい				
20	请 qǐng	どうぞ〜してください				
		点数（20点満点）				
		評価者のサイン				

Quizlet(会話)

（会話表現）

	中国語	日本語	自己練習	✓ 1	△ 2	× 3
1	Nǐ zěnme qù yīyuàn? 你 怎么 去 医院？	あなたはどうやって病院へ行きますか。				
2	Zuò huǒchē qù. 坐 火车 去。	電車で行きます。				
3	Tā shénme shíhou huílai? 他 什么 时候 回来？	彼はいつ帰ってきますか。				
4	Tā shí fēnzhōng hòu huílai. 他 十 分钟 后 回来。	彼は１０分後に帰ってきます。				
5	Yào duōcháng shíjiān? 要 多长 时间？	どのくらい時間がかかりますか。				
6	Yào liǎng ge xiǎoshí. 要 两 个 小时。	二時間かかります。				
7	Tā zài nǎr gōngzuò? 他 在 哪儿 工作？	彼はどこで働いていますか。				
8	Tā zài yīyuàn gōngzuò. 他 在 医院 工作。	彼は病院で働いています。				
9	Nǐ xiǎng hē shénme? 你 想 喝 什么？	あなたは何が飲みたいですか。				
10	Qǐng hē chá. 请 喝 茶。	お茶をどうぞ。				
		点数（10点満点）				
		評価者のサイン				

- 31 -

チェックシート（第10課）

方法
・一人が日本語／中国語を読み、もう一人がそれを中国語／日本語にする。
・順番はランダムで入れ替える。

Quizlet(単語)

（単語）

	中国語	日本語	自己練習	✓ 1	△ 2	× 3
1	做 zuò	する				
2	打电话 dǎ diànhuà	電話する				
3	看见 kànjiàn	見かける、目に入る				
4	认识 rènshi	見知っている、知り合っている、面識がある				
5	怎么了 zěnme le	どうしたの？				

（復習）

	中国語	日本語	自己練習	✓ 1	△ 2	× 3
6	做饭 zuò fàn	料理する				
7	工作 gōngzuò	仕事、仕事をする				
8	打工 dǎ gōng	アルバイトする				
9	吃饭 chī fàn	ご飯を食べる				
10	喝茶 hē chá	お茶を飲む				
11	听音乐 tīng yīnyuè	音楽を聴く				
12	睡觉 shuìjiào	寝る				
13	学习 xuéxí	学習する				
14	开车 kāichē	運転する				
15	看电视 kàn diànshì	テレビを見る				
16	看书 kànshū	本を読む				
17	看电影 kàn diànyǐng	映画を見る				
	CHECK	点数（17点満点）				
		評価者のサイン				

- 32 -

Quizlet(会話)

（会話表現）

	中国語	日本語	自己練習	✓	△	✕
				1	2	3
1	Nǐ chīfàn le ma? 你 吃饭 了吗?	あなたはご飯を食べましたか。				
2	Wǒ chīfàn le. 我 吃饭 了。	私はご飯を食べました。				
3	Wǒ méi chīfàn. 我 没 吃饭。	私はご飯を食べていません。（食べませんでした。）				
4	Nǐ chī zǎofàn ma? 你 吃 早饭 吗?	あなたは朝食を食べますか。				
5	Wǒ bù chī zǎofàn. 我 不 吃 早饭。	私は朝食を食べません。				
6	Nǐ rènshi tā ma? 你 认识 她 吗? （"认识"の否定は"不认识"）	あなたは彼女と知り合いですか。（面識がありますか。）				
7	Tā zài zuò shénme ne? 她 在 做 什么 呢?	彼女は何をしているところですか。				
8	Tā zài dǎ diànhuà ne. 她 在 打 电话 呢。	彼女は電話をしているところです。				
9	Nǐ kànjiàn tā le ma? 你 看见 他 了吗?	あなたは彼を見かけましたか。				
10	Wǒ méi kànjiàn tā. 我 没 看见 他。	私は彼を見かけていません。				
CHECK		点数（10点満点）				
		評価者のサイン				

方法
・一人が日本語／中国語を読み、もう一人がそれを中国語／日本語にする。
・順番はランダムで入れ替える。

Quizlet(単語)

（単語）

	中国語	日本語	自己練習	✓ 1	△ 2	× 3
1	去年 qùnián	去年				
2	块 kuài	元（通貨の単位、話し言葉）				
3	毛 máo	毛（通貨の単位、話し言葉）				
4	分 fēn	分（通貨の単位）				
5	日元 Rìyuán	日本円				
6	药 yào	薬				
7	咖啡 kāfēi	コーヒー				
8	手表 shǒubiǎo	腕時計				
9	西瓜 xīguā	スイカ				
10	牛奶 niúnǎi	牛乳				
11	些 xiē	いくつか、少し				
12	要 yào	（動詞）欲しい、要る（助動詞）〜したい				
13	多少钱 duōshao qián	いくら？				
	CHECK	点数（13点満点）				
		評価者のサイン				

Quizlet(会話)

（会話表現）

	中国語		日本語	自己練習	✓	△	×
					1	2	3
1	Nǐ shì shénme shíhou lái Rìběn de? 你 是 什么 时候 来 日本 的?		あなたはいつ日本に来たのですか。				
2	Wǒ shì èrlíngyībānián lái Rìběn de. 我 是 二〇一八 年 来 日本 的。		私は 2018 年に日本に来たのです。				
3	Zhè shì zài nǎli mǎi de? 这 是 在 哪里 买 的?	これはどこで買ったのですか。					
4	Zhè shì zài Běijīng mǎi de. 这 是 在 北京 买 的。	これは北京で買ったのです。					
5	Nǐ shì zěnme lái xuéxiào de? 你 是 怎么 来 学校 的?	あなたはどうやって学校に来たのですか。					
6	Wǒ shì qí zìxíngchē lái xuéxiào de. 我 是 骑 自行车 来 学校 的。	私は自転車で学校に来たのです。					
7	Nǐ yào mǎi shénme? 你 要 买 什么?	あなたは何が買いたいですか。					
8	Wǒ yào mǎi yìxiē yào. 我 要 买 一些 药。	私は薬をいくつか買いたいです。					
9	Zhèige duōshao qián? 这个 多少 钱?	これはいくらですか。					
10	Yìqiān jiǔbǎi bāshí Rìyuán. 一千 九百 八十 日元。	1980 円です。					
	CHECK		点数（10 点満点）				
			評価者のサイン				

中国語Q＆A（会話練習の基礎）

（このシートには、各課の学習項目をつかった疑問文がまとめられています。）

方法
・相手の質問に、すぐに答えられるように練習しておきましょう。
・冊子を交換し、お互いにすぐに答えられるかチェックしましょう。答え
　る人は、シートを見てはいけません。
・順番はランダムで入れ替えましょう。

Quizlet(Lv.1, 2)

（LEVEL 1）

	中国語	メモ	自己練習	✓ 1	△ 2	× 3
1	Nǐ jiào shéme míngzi? 你 叫 什么 名字?					
2	Nín guìxìng? 您　贵姓?					
3	Nǐ shì xuésheng ma? 你 是 学生　吗?					
4	Nǐ shì Zhōngguórén ma? 你 是　中国人　吗?					
5	Nǐ shì nǎli rén? 你 是 哪里人?					
6	Tā yě shì Rìběnrén ma? 他 也 是 日本人 吗?	（適当に誰かを指さして）				
7	Tā shì shéi? 她 是 谁?	（「私の〜です」の形式で答える）				
8	Zhè shì nǐ de shǒujī ma? 这 是 你的 手机 吗?					
9	Zhè shì shénme? 这 是 什么?	（何か指さして）				
10	Tāmen dōu shì Rìběnrén ma? 他们 都 是　日本人　吗?					
			点数（10点満点）			
			評価者のサイン			

（LEVEL 2）

	中国語	メモ	自己練習	✓ 1	△ 2	× 3
1	Nǐ jīnnián duōdà? 你　今年　多大？					
2	Nǐ jǐ niánjí? 你几　年级？					
3	Nǐ yǒu diànnǎo ma? 你有　电脑　吗？					
4	Nǐ de shǒujī hào shì duōshao? 你的手机　号是　多少？	-　　　- （適当な数字全11桁）				
5	Jīntiān jǐ yuè jǐ hào? 今天　几月几号？					
6	Míngtiān xīngqī jǐ? 明天　星期几？					
7	Nǐ jīntiān kàn diànshì ma? 你今天　看电视吗？					
8	Xiànzài jǐ diǎn? 现在　几点？					
9	Nǐ jǐ diǎn huí jiā? 你几点回家？ 　　　　打工 dǎgōng 　　　　睡觉 shuìjiào					
10	Nǐ xīngqīliù lái xuéxiào ma? 你星期六来　学校吗？					
		点数（10点満点）				
		評価者のサイン				

（LEVEL 3 ）

	中国語	メモ	自己練習	✓ 1	△ 2	× 3
1	Jīntiān tiānqì zěnmeyàng? 今天　　天气　怎么样？					
2	Míngtiān xià yǔ ma? 明天　　下雨　吗？					
3	Zuìjìn zěnmeyàng? 最近　怎么样？					
4	Nǐ de àihào shì shénme? 你的　爱好　是　什么？					
5	Nǐ xǐhuan māo ma? 你　喜欢　猫　吗？ 　　　狗 gǒu					
6	Nǐ huì kāichē ma? 你会　开车　吗？ 　　做菜 zuò cài 　　唱歌 chànggē					
7	Nǐ néng chī xiāngcài ma? 你　能　吃　香菜　吗？ 　　　生鱼片 shēngyú piàn					
8	Nǐ zhùzài nǎr? 你　住在　哪儿？					
9	Nǐ jiā yǒu jǐ kǒu rén? 你　家有　几　口　人？					
10	Nǐ yǒu jǐ běn Yīngyǔ shū? 你有　几　本　英语书？					
11	Nǐ xiǎng hē shénme? 你　想　喝　什么？ 　　吃 chī					
12	Nǐ zài nǎr? 你在　哪儿？	（電話で話しているつもりで）				
		点数（12 点満点）				
		評価者のサイン				

（LEVEL 4）

	中国語	メモ	自己練習	✓ 1	△ 2	× 3
1	Chēzhàn li yǒu xǐshǒujiān ma? 车站 里 有 洗手间 吗? 附近 fùjìn	（最寄り駅を想定して答える）				
2	Nǐ zěnme qù diànyǐngyuàn? 你 怎么 去 电影院? 车站 chēzhàn					
3	Yào duōcháng shíjiān? 要 多长 时间?					
4	Nǐ chī zǎofàn le ma? 你 吃 早饭 了 吗?					
5	Tā zài zuò shénme ne? 她 在 做 什么 呢?	（誰かの行動を想定して答える）				
6	Zhè shì shénme shíhou mǎi de? 这 是 什么时候 买 的?	（適当に何かを指さして聞く）				
7	Nǐ shì zài nǎli xué Hànyǔ de? 你 是 在 哪里 学 汉语 的?					
8	Nǐ shì zěnme lái xuéxiào de? 你 是 怎么 来 学校 的?					
9	Nǐ yào mǎi shénme? 你 要 买 什么?					
10	Zhèige duōshao qián? 这个 多少 钱?	（何かを指さして聞く。 →適当な値段で答える）				
		点数 （10 点満点）				
		評価者のサイン				

①全部できるようになったら、単語を入れ換えても答えられるように練習しましょう。
②巻末の「Can-do 評価シート」に取り組みましょう。

Quizlet(Lv.3, 4)

クラスメートと知り合おう① (〜3課)

（中国語で）

名前：＿＿＿＿＿＿＿＿＿＿＿＿＿

《自己評価》（日本語で聞いたり確認したりした場合は、無評価☆☆☆）
★☆☆　教科書等（文型や語彙など）を見ながらならできた。
★★☆　仲間の助けを借りたり、事前に練習したりすれば、何も見なくてもできた。
★★★　何も見ないでできた。

①これまで話したことのない人、名前を知らない人とパートナー
　になり、中国語で聞きましょう。

（名簿は見ても OK）

名前			☆☆☆
年齢			☆☆☆
出身地			☆☆☆
10〜100 までの数字	日本語→中国語（３つ） 中国語→日本語（３つ）		☆☆☆
持っているかどうか ○／×	電脳 ／ 微信 ／ 杯子（今）		☆☆☆
その他の会話＊ （自由に中国語で） ＊上の枠をお互いに埋め たら開始しましょう	《メモ》　例）学年→1 年		☆☆☆

②ふりかえり（次回より上手に会話するためのメモ、今回の感想）

クラスメートと知り合おう②　　　　　　　　（～4課）

中国語で

名前：＿＿＿＿＿＿＿＿＿＿＿＿＿＿＿

《自己評価》（日本語で聞いたり確認したりした場合は、無評価☆☆☆）

★☆☆　教科書等（文型や語彙など）を見ながらならできた。

★★☆　仲間の助けを借りたり、事前に練習したりすれば、何も見なくてもできた。

★★★　何も見ないでできた。

①これまで話したことのない人、名前を知らない人とパートナーになり、中国語で聞きましょう。中国語でじゃんけんをして、勝った人から挨拶・質問を始めてください。

名前			☆☆☆
年齢			☆☆☆
出身地			☆☆☆
携帯番号（架空）			☆☆☆
（今日）するかどうか ○／×	打工	看电视	☆☆☆
何時にするか （今日）	huí jiā 回家（　　：　　）	shuì jiào 睡觉（　　：　　）	☆☆☆
その他の会話＊ （自由に中国語で） ＊上の枠をお互いに埋めたら開始しましょう	《メモ》　例）学年→1年		☆☆☆

②ふりかえり（次回より上手に会話するためのメモや、今回の感想）

コミュニケーション・シート

クラスメートと知り合おう③　　　　　　　　　　　（～5課）

（中国語で）

名前：＿＿＿＿＿＿＿＿＿＿＿＿＿

《自己評価》（日本語で聞いたり確認したりした場合は、無評価☆☆☆）
★☆☆　教科書等（文型や語彙など）を見ながらならできた。
★★☆　仲間の助けを借りたり、事前に練習したりすれば、何も見なくてもできた。
★★★　何も見ないでできた。

①これまで話したことのない人、名前を知らない人とパートナーになり、中国語で聞
きましょう。

名前		☆☆☆
年齢		☆☆☆
出身地		☆☆☆
最近の調子		☆☆☆
明日の天気	（自分の出身地の天気で答える）	☆☆☆
その他の会話 （自由に中国語で）	《メモ》	☆☆☆

②ふりかえり（次回より上手に会話するためのメモや、今回の感想）

クラスメートと知り合おう④ 　　　　　　（〜6課）

中国語で

名前：＿＿＿＿＿＿＿＿＿＿＿＿＿

《自己評価》（日本語で聞いたり確認したりした場合は、無評価☆☆☆）

★☆☆　教科書等（文型や語彙など）を見ながらならできた。

★★☆　仲間の助けを借りたり、事前に練習したりすれば、何も見なくてもできた。

★★★　何も見ないでできた。

①これまで話したことのない人、名前を知らない人とパートナーになり、中国語で聞きましょう。

名前				☆☆☆
出身地				☆☆☆
趣味				☆☆☆
好きかどうか ○／×	狗 gǒu	猫 māo	运动 yùndòng	☆☆☆
できるかどうか ○／×	做菜 zuòcài	开车 kāichē	唱歌 chànggē	☆☆☆
その他の会話 （自由に中国語で）	《メモ》			☆☆☆

②ふりかえり（次回より上手に会話するためのメモや、今回の感想）

クラスメートと知り合おう⑤　　　　　　　（〜7課）

中国語で

名前：＿＿＿＿＿＿＿＿＿＿＿＿＿＿

《自己評価》（日本語で聞いたり確認したりした場合は、無評価☆☆☆）

★☆☆　教科書等（文型や語彙など）を見ながらならできた。

★★☆　仲間の助けを借りたり、事前に練習したりすれば、何も見なくてもできた。

★★★　何も見ないでできた。

①これまで話したことのない人、名前を知らない人とパートナーになり、中国語で聞きましょう。

名前			☆☆☆
出身地と住んでいる場所	（出身地）	（住んでいる場所）	☆☆☆
家族の人数	（　　　　　）人　　（家族構成は聞かなくてよい）		☆☆☆
趣味（2つ）	①	②	☆☆☆
できるかどうか（内容は自分で考える）○／×	（　　　　　　　）	（　　　　　　　）	☆☆☆
その他の会話（自由に中国語で）	《メモ》		☆☆☆

②ふりかえり（次回より上手に会話するためのメモや、今回の感想）

クラスメートと知り合おう⑥　　　　　　　　　（〜8課）

中国語で

名前：＿＿＿＿＿＿＿＿＿＿＿＿＿＿＿

《自己評価》（日本語で聞いたり確認したりした場合は、無評価☆☆☆）
★☆☆　教科書等（文型や語彙など）を見ながらならできた。
★★☆　仲間の助けを借りたり、事前に練習したりすれば、何も見なくてもできた。
★★★　何も見ないでできた。

①これまで話したことのない人、名前を知らない人とパートナーになり、中国語で聞きましょう。

名前					☆☆☆
出身地と住んでいる場所	（出身地）		（住んでいる場所）		☆☆☆
いるかどうか ○／× （いるなら何人かも聞く）	gēge 哥哥	jiějie 姐姐	dìdi 弟弟	mèimei 妹妹	☆☆☆
好きな・・・	食べ物	運動 （「どんな運動？」）	人（有名人） （「誰が好き？」と聞く）		☆☆☆
家の近くにあるか ○／×	レストラン		映画館		☆☆☆
その他の会話 （自由に中国語で）	《メモ》				☆☆☆

②ふりかえり（次回より上手に会話するためのメモや、今回の感想）

コミュニケーション・タイム（フリートーク）

（必要なだけ印刷してください）

学籍番号＿＿＿＿＿＿＿＿＿　名前：＿＿＿＿＿＿＿＿＿＿＿＿＿

①ステップ1（〜3分程度）

　初対面の人と中国語でどのような話ができるか、会話の前にイメージ・トレーニングをしておきましょう。

②ステップ2（3分〜5分程度）

　これまで話したことのない人とペアになり、先生の合図の後、**中国語のみ**で会話を試みましょう。日本語を使ってはいけません。

```
メモ



```

③ステップ3（5分程度）

　話した内容をまとめて、今日のパートナーの紹介文を中国語で書きましょう。

```
紹介文



```

（紙または電子媒体で提出）

④ステップ4

　次回、この人のことを他者に紹介しましょう（このシートは見ずに！）。

《自己評価》

★☆☆　もっと努力が必要　　　★★☆　なんとかできた　　　★★★　ばっちりできた

中国語で挨拶できた。　　　　　　　　（最大2点　★☆うまくできなかった　★★できた）	☆☆
中国語で相手に伝えられた。	☆☆☆
相手の質問を理解してちゃんと答えられた。	☆☆☆
日本語を使わず会話できた。	☆☆☆
分からないときには、中国語で言い換えたり、書いたり、メモを示したりするなど、日本語以外の方法で解決できた。	☆☆☆
定型表現の応酬だけでなく、話題を膨らませることができた。	☆☆☆
紹介文を書くのに十分な情報が得られた。	☆☆☆
点数（★1つ1点で計算）	／20

ふりかえり（今回の感想や、もっと上手に会話するために必要だと感じたこと＊）

＊Can-do評価シート等を参照しながら、ペアの人とさらにどのような会話が可能であったか、話し合いましょう。

◇Can-do 評価シート

①到達目標と表現例を見ながら、～できるかどうか確認し、自己評価をしましょう。
②他者（クラスメートや、先生、TA、留学生等）に評価してもらいましょう。

評価基準
★☆☆　教科書やメモ等を見ながらならできる。
★★☆　相手が助け船を出してくれたり、すこし考えたりすれば何も見ずにできる。
★★★　何も見ないでも、流ちょうに会話できる。

＊背景色の付いた表現例は、中国語や日本語にすばやく訳せるかをチェック。それ以外は中国語で会話できるかをチェックしましょう。

課	Can-do（到達目標）	☑　表現例	自己評価	他者評価
挨拶表現	・ごく基本的な挨拶表現を人や場面に応じて使える。	□はじめまして。 □みなさんこんにちは（2～3人／大勢）。 □～先生こんにちは。 □さようなら。（仲の良い友達には？） □おはようございます。 □（友達に）おはよー。 □おやすみなさい。	☆☆☆	☆☆☆
	・お礼を言ったり、あやまったりすることができる。	□ありがとう。／どういたしまして。 □ごめんなさい。／かまいません。	☆☆☆	☆☆☆
0	・スマートフォンで簡体字やピンイン、発音を調べることができる。 （ピンイン） （簡体字）	□日本語→中国語 「明けましておめでとう！」「誕生日おめでとう！」を中国語で何という？（葉書やSNSで送ったり、直接伝えたりできる） ＿＿＿＿＿＿　＿＿＿＿＿＿	☆☆☆	☆☆☆
	・自分や友達の名前を言ったり、たずねたりできる。	□名前はなんと言いますか？／私の名前は～です。 □姓はなんとおっしゃいますか。／私の姓は～と申します。 □彼／彼女の名前は～と言います。	☆☆☆	☆☆☆
1	・相手の身分や出身国／出身地を確認したり、答えたりできる	□あなたは（学生・先生・日本人・中国人）ですか。／はい、～。／いいえ、～。 □～も…ですか。／～も…です。 □あなたはどこの出身ですか。	☆☆☆	☆☆☆

2	・身近にある物の情報について質問したり、答えたりできる。	□これは何ですか。／これは〜です。 □これはあなたの〜ですか。／これは（誰々）の〜です。	☆☆☆	☆☆☆
	・身近な人について、自分との関係を表現できる。	□彼（彼女）は誰ですか。／彼（彼女）は私の〜です。 □彼（彼女）らはみな〜です。	☆☆☆	☆☆☆
3	・数字を言ったり、聞き取ったりすることができる。	□1〜99 □100〜（105、150、2000などの言い方に注意）	☆☆☆	☆☆☆
	・年齢や学年について質問したり、答えたりできる。	□何歳ですか。（相手によって2種類）／私は（今年）〜歳です。 □何年生ですか。／〜年生です。	☆☆☆	☆☆☆
	・相手の所有の有無について確認したり、答えたりできる。	□〜を持っていますか。／〜を持っています。〜を持っていません。	☆☆☆	☆☆☆
	・通話アプリや携帯番号などの連絡先を交換できる。	□あなたの携帯番号は何番ですか。／XXX番です。（1の発音に注意、答えるときは適当な11桁の数字でもよい）	☆☆☆	☆☆☆
	・ごく簡単な自己紹介ができる。	□挨拶、名前、大学名、学年、年齢等を含むごく簡単な自己紹介。	☆☆☆	☆☆☆
4	・日時や曜日について質問したり、答えたりできる。	□（今日、昨日、明日は）何月何日ですか。 □何曜日ですか。 □今何時ですか。	☆☆☆	☆☆☆
	・いつ何をするのか、相手に質問したり、答えたりできる。	□あなたは（今日、明日）〜しますか。／〜します。〜しません。 □あなたは何時に〜しますか。 ［例:起きる、アルバイト、帰る、寝る・・・］ ［午前、正午、午後、夜（必要な場合）］	☆☆☆	☆☆☆

□レベル1　見習い　《p.48-49を、すべて達成した》

評価者のサイン ＿＿＿＿＿＿＿＿＿＿＿＿　（　　）月　（　　）日

課	Can-do（到達目標）	表現例	自己評価	他者評価
5	・人や物の性質や状態、またその評価をたずねたり、答えたりできる。	□〜はどうですか。／〜はどのようです。[例：最近、この服][例：非常に〜です、あまり〜ではありません、〜すぎです]	☆☆☆	☆☆☆
	・天気についてたずねたり、答えたりできる。	□（今日、明日の）天気はどうですか。□暑い／寒いですか。□（今日、明日は）雨が降りますか。／降ります。降りません。	☆☆☆	☆☆☆
6	・趣味や好みについてたずねたり、答えたりできる。	□あなたの趣味は何ですか。／私の趣味は〜です。[相手が答えそうな趣味]□あなたは〜が好きですか。／好きです。好きじゃないです。	☆☆☆	☆☆☆
	・できるかどうかたずねたり、答えたりできる。	□あなたは（運転）ができますか。／〜できます。〜できません。[例：料理、中国語を話す]□あなたは（刺身が食べ）られますか。（“会”と“能”の使い分け）	☆☆☆	☆☆☆
7	・住んでいる場所や仕事についてたずねたり、答えたりできる。	□あなたはどこに住んでいますか。／〜に住んでいます。□（お父さん、お母さんは）何の仕事をしていますか。／父は〜です。	☆☆☆	☆☆☆
	・家族や身近な人物を紹介できる。	□お宅は何人家族ですか。／〜人家族です。／（家族構成）がいます。／〜匹の（犬、猫）がいます。	☆☆☆	☆☆☆
	・人や物の数をたずねたり、答えたりできる。	□あなたは（何冊の英語の本）を持っていますか。／私は（〜冊の英語の本）を持っています。[例：中国語の本]□〜には何人の（子ども）がいますか。[例：兄弟姉妹、中国人の友達、留学生]	☆☆☆	☆☆☆
8	・場所や存在についてたずねたり、答えたりできる。	□あなたは（学校）にいますか。／います。いません。□（人・物）はどこにいます／ありますか。（“在”の用法）□（場所）には（人・物）がいます／ありますか。（“有”の用法）	☆☆☆	☆☆☆
	・交通手段や所要時間を説明できる。	□あなたはどうやって〜に行きますか。／（交通手段）でいきます。□どのくらいの時間がかかりますか。／〜分間かかります。〜時間かかります。	☆☆☆	☆☆☆

9	・いつ、どこで～するのかたずねたり、答えたりできる。	□（あなた）はいつ～しますか。／いついつに～します。／～分後（～時間後）に～します。（"什么时候"を使う）［例：～へ行く、帰ってくる…］ □（あなた）はどこで（働いて）いますか。［例：勉強、買い物、アルバイト・・・］	☆☆☆	☆☆☆
	・何がしたいかたずねたり、答えたりできる。	□何が（食べたい・飲みたい・買いたい）ですか。／私は～が・・・たいです。（"想"を使う）	☆☆☆	☆☆☆
10	・行動や動作の発生の有無について確認したり、答えたりできる。	□～しましたか。／～しました。～していません（～しませんでした）。［例：ご飯を食べる、バイトをする、～を見かける、電話する・・・］	☆☆☆	☆☆☆
	・動作の進行について説明できる。	□あなたは何をしているところですか。／～しているところです。 □昨日の～時に、あなたは何をしていましたか。／～をしていました。	☆☆☆	☆☆☆
11	・過去の出来事について、いつ、どこで、どのように～したのかをたずねたり、答えたりできる。	□（あなた）はいつ～したのですか。 □（あなた）はどこで～したのですか。 □（あなた）はどうやって～したのですか。［例：彼、彼女、これ、この～］［例：中国語を学んだ、～を買った、～へ行った／来た・・・］	☆☆☆	☆☆☆
	・ごく基本的な買い物のやりとりができる。	□何が欲しいですか。／～が欲しいです。（"要"を使う） □何が買いたいですか。／～が買いたいです。 □これ（この～）はいくらですか。／～円です。	☆☆☆	☆☆☆

□レベル２　　熟練者　《p.50-51 を、すべて達成した》

評価者のサイン ＿＿＿＿＿＿＿＿＿＿＿＿＿＿＿＿＿　　（　　　）月　（　　　）日

□レベル３　　マスター（CEFR A1）《Can-do リスト内の話題であれば、これまでに学んだ文型、単語、技能および道具を自在に駆使して、ネイティブと中国語のみでやりとりができる。》

評価者＊のサイン ＿＿＿＿＿＿＿＿＿＿＿＿＿＿＿＿＿　　（　　　）月　（　　　）日
（＊マスターの認定は、先生やTA、先生の指定した留学生等による評価を基本とします。）

MEMO

中国語ポートフォリオ

使って学ぶ！中国語コミュニケーション

―CEFR A1 レベル―

付属教材

© 2020年　1月　31日初 版 発 行
2021年　1月　31日 2 刷 発 行

著　者　　　　　　　　　　寺西光輝

発行者　　　　　　　　　　原 雅 久
発行所　　　　　　　株式会社 朝日出版社
〒101－0065　東京都千代田区西神田 3－3－5
電話(03)3239-0271・72（直通）
http://www.asahipress.com/

著者紹介

寺西光輝

名古屋大学大学院文学研究科博士後期課程修了。博士（文学）。
鹿児島大学共通教育センター講師。

表紙・本文デザイン	メディアアート
写真・イラスト提供	PIXTA／寺西光輝／メディアアート／Shutterstock
音声吹込	毛興華　王英輝　劉セイラ

使って学ぶ！ 中国語コミュニケーション
－ CEFR A1 レベル－

検印
省略　　　　　 Ⓒ 2020 年 1 月 31 日　初 版 発 行
　　　　　　　2024 年 1 月 31 日　第 5 刷発行

著　者　　　　　　　　　　　寺西光輝

発行者　　　　　　　小 川　洋 一 郎
発行所　　　　　　株式会社　朝 日 出 版 社
〒 101-0065　東京都千代田区西神田 3 － 3 － 5
電話(03)3239-0271・72(直通)
振替口座　東京　00140-2-46008
http://www.asahipress.com/
倉敷印刷

乱丁・落丁本はお取り替えいたします
ISBN978-4-255-45327-9 C1087